슬기로운
부장생활

백홍근
지음

2

지금
당신의 자리가
당신의 능력은
아니다

라떼를 말이라고 우기는
꼰대가 아니라
직원의 능력을 이끌어내는
리더가 돼라

.

슬기로운 부장생활 2. 지금 당신의 자리가 당신의 능력은 아니다

1판 1쇄 발행 2020년 5월 20일

지은이   백홍근
펴낸곳   공감의기쁨

전화   (02) 2063-8071
등록   2011년 7월 20일 제 313-2011-204호
주소   서울시 강서구 강서로 207 4층
e-mail   goodbook2011@naver.com

ISBN   979-11-86500-47-7 (03180)

라떼를 말이라고 우기는 꼰대가 아니라
직원의 능력을 이끌어내는 리더가 돼라

"부하에게 사랑받기보다는 두려워하게 만드는 것이 훨씬 안전하다."

마키아벨리의 《군주론》에 나오는, 우리가 인정하고 싶지 않지만 그럼에도 세상에는 종종 먹힌다고 언급되는 이야기입니다.

조직의 성과와 목표를 달성하는 데 있어 구성원 개개인의 역량의 발휘, 그리고 열정과 팀워크가 넘치는 조직 운영은 모든 팀장과 부장의 고민이 될 것입니다. 그러면서 우리는 마키아벨리의 이야기에 귀기울이고 싶은 유혹에 그의 주변을 종종 서성거립니다.

2권에서는 조직 운영에 도움이 되는 심리법칙을 모았습니다. 직원들을 평가하고 동기를 부여하며 그들을 이해하고 공감하는 데 있어, 그리하여 지속가능한 성과를 창출하기 위해 참고해야 할 리더들의 오류와 착각 등의 법칙들입니다. 직원을 평가하는 데 있어 앞뒤 상황이나 맥락을 살피지 않고 직원 개인의 성격 탓으로 돌리는 오류, 인센티브가 팀원의 동기를 부여하게 할 것이라는 오해, 좋은 결과는 좋은 과정을 통해 얻어진 것이라는 오류, 오로지 과거의 경험에 근거하여 미래를 예측하는 오류, 자신이 성공할 가능성을 과도하게 낙관적으로 예상하는 오류, 확률과 통계, 정보 등을 잘못 이해하고 판단의 근거로 삼는 오류 등이 포함돼 있습니다.

인간은 인정받는 것을 좋아하고, 자신을 격려해 주는 사람에게 호감을 갖고, 때론 칭찬이 본심이 아닐 수도 있다는 것을 의심하면서도 칭찬해 준 사람을 좋아하게 됩니다. 리더가 직원을 칭찬하는 데 있어 어떤 불순한 목적을 숨기고 있지 않는 한, 칭찬과 격려는 직장을 출근하고 싶은 곳으로 만들 수 있습니다.

일찍이 한비자는 리더의 수준에 대해 말하길, "삼류는 자신의 능력만 활용하고, 이류는 타인의 능력을 활용하지만, 일류는 타인의 능력을 이끌어낸다"고 했습니다.

팀원들의 잠재된 능력을 이끌어내는 일류 리더가 되기 위해서 사건과 사람을 어떤 시각으로 바라보고 그들을 이해할 것인지 고민하는 데 이 책이 작은 도움이 되길 바랍니다.

대다수의 사람은 비대칭적 통찰의 착각Illusion of Asymmetric Insight을 가지고 있습니다. 다른 사람이 나에 대해 아는 것보다 내가 다른 사람에 대해 알고 있는 것이 많다고 생각하는 착각, 즉 자신은 상대방보다 더 큰 통찰력을 발휘해 상대방에 대해 더 많은 정보를 비대칭적으로 가졌다고 생각하는 착각을 말합니다. 이는 리더들이 특히 더 빠지기 쉬운 함정입니다.

직장 내 상하 갈등의 주된 요인은 윗사람은 아랫사람을 쉽게 단정해 판단하고, 아랫사람은 이에 반발하면서 생기는 경우가 많습니다. 부하직원에 대해 많이 안다는 착각으로 상대를 성급하게 판단하고 그들이 원하지 않는 일방적인 조언과 충고를 쏟아붓지요.

저는 사람을 판단하기에 앞서 조금 더 긴 호흡으로 그 사람을 둘러싼 상황을 함께 생각해 보는 것을 권합니다. 그 직원이 그렇게 생각하고 그렇게 행동하게 된 배경에는 무엇이 있는지, 거기에 조직의 리더로서 환경을 개선시킬 책임은 없는지 되돌아보는 것입니다.

멀리 보는 긴 안목과 인내심이 없으면 할 수 없는 일입니다. 돌아보면 제게 가장 부족한 점이었습니다. 늘 눈앞의 성과, 즉각적인 변화에만 몰두했으니까요.

이 책에서 다룰 주요 심리법칙들이 저와 같은 후회를 답습하지 않고, 직원의 내재된 능력을 이끌어내는 일류의 리더가 되시는 데 있어 작은 도움이 되기를 바랍니다.

2020년 5월 백홍근 *Baik*

거짓기억증후군

False Memory Syndrome

"Latte is horse⋯"

_꼰대

인간의 기억은 왜곡될 수 있을 뿐 아니라 한 인간의 두뇌 속에 완전히 잘못된 기억을 이식시킬 수도 있다.

벅스 버니는
디즈니랜드에 없다

엘리자베스 로프터스 Elizabeth Loftus는 2003년 어린 시절 디즈니랜드에 가본 경험이 있는 학생들을 대상으로 다음과 같은 실험을 했다. 그들에게 벅스 버니와 한 아이가 손잡은 광고를 보여주고 나서 디즈니랜드에서의 자신의 기억을 묘사해 보라고 했다. 학생들의 62퍼센트가 벅스 버니와 악수한 기억을, 45퍼센트가 벅스 버니와 포옹한 기억을 말했다. 하지만 벅스 버니는 워너브라더스의 캐릭터로 디즈니랜드에는 없다.

그녀는 또한 1993년에 '쇼핑몰에서 길을 잃다'라는 실험을 했다. 어린 시절에 쇼핑몰에서 길을 잃은 경험이 있었다고 알려주면 기억이 안 난다고 하는 사람이 다수이지만, 25퍼센트에 이르는 사람은 있지도 않은 당시의 기억을 너무도 상세하게 적어내는 사람이 있다. 사람들은 없는 기억을 조작해 스스로 만들어낼 수도 있다는 사실을 증명한 실험이다.

브리티시컬럼비아대 스티브 포터 교수는 실험을 통해 어린시절 포악한 동물로부터 공격을 받은 적이 있다고 말하면 거짓 기억을 만들어내는 사람이 50퍼센트에 이른다는 것을 밝혀냈다.

"가장 소름끼치는 생각은 우리가 진심으로 믿고 있는 것이 반드시 진실이지 않을 수도 있다."

전문가인 엘리자베스 로프터스의 말이다.

소원하는 대로 보기

옛 사건에 대한 기억은 현재의 질문에 따라 달라지고 심지어 창작될 수 있다. 존 팔머는 실험을 위해 자동차가 충돌하는 장면을 비디오로 보여주고 난 후, 사고 당시 자동차의 추정 속도를 물었다. "자동차가 충돌할 때 어느 정도 속도로 달리고 있었는가?"라는 질문에 'hit', 'smash into', 'collide', 'bumped', 'contacted' 등 충돌이라는 의미의 단어 중 무엇을 사용했느냐에 따라 속도에 대한 대답이 달라진 것이다. 즉 "접촉이 있었을 때"로 묻는 경우 대답하는 속도는 "충돌했을 때"로 질문했을 때보다 낮은 속도로 답하는 것이었다. 목격자들의 진술이 유도심문에 따라 달라질 수 있음을 보여주는 실험이다.

제롬 브루너Jerome Bruner와 세실 굿맨Cecile Goodman 하버드

대 심리학과 교수는 우리가 눈으로 보는 것이 우리의 희망 사항과 기대를 일부 반영한다는 사실을 보여주는 실험을 했다. 실제 동전과, 동전의 크기와 동일한 동전 모양의 종이판을 보여준 아이들에게 그 크기를 평가하게 했더니 종이판보다는 동전을 본 아이들이 그들이 본 것의 사이즈를 크게 평가하는 경향을 보였다. 돈을 갖고 싶은 아이들의 욕망이 동전을 더 크게 보이게 만든 것이다.

가난한 집 아이들과 부유한 집 아이들을 나누어 실험해 본 결과 가난한 집 아이들이 동전 크기를 과대하게 평가하는 경향을 보였다. 가난한 집 아이들에게는 돈의 의미가 더 크기 때문에 동전 크기를 과대하게 생각하게 된 것. 이러한 현상을 '소원하는 대로 보기'Wishful seeing라 한다.

섬광
기억

심리학에서는 '섬광기억'Flashbulb memories 이라는 용어가 있다. 매우 놀랍고 중대한 소식을 들었을 때의 순간이나 환경에 대해 순간적으로 포착된 사진snapshot 같이 매우 자세하고 생생한 기억을 말한다.

일반적으로 사람들은 매우 극적이고, 중요하고, 쇼킹한 사건을 처음 접했을 때의 상황에 대해서는 매우 상세한 내용까지도 오랫동안 생생하게 기억해낼 수 있다. 섬광기억이 만들어지기 위해서는 특별한 사건들이 필요하기 때문에 기억연구자들은 케네디 J. F. Kennedy의 암살, 진주만 폭격, 최초의 달 착륙, 챌린저호 폭발 같은 사건을 처음 접했을 때의 기억에 관한 연구를 통해 섬광기억의 특성을 연구했다.

사건 전후의 상황에 대해 아주 세부적인 내용까지도 생생하게 기억하는 사진과 같은 기억이라는 것과 수십 년이 지나도 망각되지 않을 정도로 완전하게 표상된 영구적인 기억이라는 점은 섬광기억의 주요 특징으로 알려져 있다. 섬광기억의 내용에는 사건을 접한 장소, 그 순간 자신이 하고 있던 행동, 사건을 전해준 사람 등 다양한 기억이 포함된다.

월남
스키부대

미국 에모리대 울리히 나이저는 사람들이 가지고 있는 섬광기억의 정확성을 측정하기 위해 다음과 같은 실험을 한다. 1986년 우주왕복선 챌린저호 폭발 다음날 폭발 당시 무엇을 하고 있었는지를 상세히 쓰게 했다. 3년이 지난 후 과 거 학생들에게 당시 무엇을 하고 있었는지를 다시 쓰게 했 더니 7퍼센트만 같은 진술을 했을 뿐, 50퍼센트 정도는 2/3 정도가 일치하지 않았으며, 25퍼센트는 처음 진술과 일치 하는 것이 단 한 가지도 없었다.

섬광처럼 선명하다고 믿는 기억도 절반은 맞지 않는다는 것으로 나타난 것이다. 섬광기억도 시간이 흐를수록 변하 고, 정작 자신의 기억이 처음과는 다르다는 사실도 본인은 인식하지 못한다.

우리 일상에서도 거짓기억증후군은 난무한다. 남자들의 군대이야기가 그렇다. 어디선가 들었거나 상상했던 이야기 가 어느덧 자신의 군대생활 경험담으로 둔갑한다.

100킬로 행군은 천리행군으로 되고, 수시로 낙하산을 타 고 민정경찰이 돼 비무장지대를 누빈다. 사격을 못해 늘 얼 차려를 받았지만 남들 앞에서는 자신은 명사수로 기억된 다. 처음에는 본인 스스로 거짓말임을 잘 알지만 반복되면 나중에는 실제로 그랬던 것 같은 착각이 발생한다.

Latte is horse…

부장이 되면 신입시절의 좌충우돌 실수담이 화려했던 무용담으로 둔갑한다. 당시 부서에서 남이 한 일, 또는 다른 사람이 주역이었고 자신은 지켜보기만 했던 일도 시간이 지나면서 당시 사람들이 하나 둘씩 회사를 떠나면 그땐 내가 주도한 일, 나 혼자 다한 일이 돼버린다.

"내가 당신만 했던 시절에는…"으로 시작하는 부장들이여, 그때 당신은 당신이 생각하는 것만큼 그리 스마트하지 않았다. 부하직원들이 잠자코 듣는다고 사실로 둔갑시키지 마라. 남의 공을 가로채지 마라. 그들의 공로에 감사하라.

과거의 힘들었던 기억, 과거의 즐거웠던 기억도 어쩌면 당시 그 정도로 힘들거나 그 정도로 기쁘지 않았을 수 있다. 과거에 매달리지 말고 현재에 집중하고 충실하라.

"나 때는 말이야…" 하고 당신의 레퍼토리가 시작되면 당신의 부하직원들은 수첩에 적기 시작한다.

'Latte is horse…'

그것도 모르고 "뭐 적을 필요까지는 없는데" 하며 우쭐대지 말기를…

자아고갈

Ego Depletion

금강산도 식후경

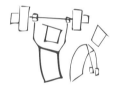

의지나 자제력을 유지하기 위한 노력에는 에너지가 소비되며 이러한 에너지는 한정적인 자원이어서 사용할수록 고갈된다. 단기간에 생각을 열심히 하거나 너무 많은 결정을 내려야 했던 사람들은 마음이 지치지 않았던 사람들에 비해 얼음물 속에 손을 오래 담그고 있지 못한다. 한 가지 과업에 자제력을 사용했던 효과가 다른 과업에 영향을 주어 심리학자들이 '자아고갈'이라고 부르는 현상이 일어난다.

판사의 식사와
가석방 승인율

 2011년 이스라엘의 가석방위원회의 판사 8명에 대해 그들이 내린 판정 결과에 대한 분석에 따르면, 그들은 매일 가석방 신청을 심사하며 시간을 보내는 데 건당 6분의 짧은 시간을 투자하는데, 대부분의 가석방 신청은 기각되며 평균적으로는 35퍼센트의 승인율을 보인다.

 그러나 시간대별로 분석해 보았더니 아침·점심·저녁식사 이후의 가석방 승인 요청은 65퍼센트로 평균 대비 높은 승인율을 보이는 데 반해 판사들이 다음 식사 전 2시간 남짓 동안의 승인 비율은 점차 하락하기 시작해 식사 직전에는 0퍼센트대로 하락하는 현상을 발견했다.

 합리적이고 이성적인 판단을 해야 할 판사들마저 피곤하고 배가 고파질수록 가석방심사에 쏠 정신적 에너지가 고갈돼 무작정 거부해 버리는 경향이 나타난 것이다.

초콜릿쿠기와 무,
그리고 문제 풀기

　1998년 미국 사회심리학자 바우마이스터Baumeister 부부는 초코칩쿠키를 이용한 독특한 심리실험을 통해 자아고갈이론을 소개했다. 실험 대상을 두 그룹으로 나누어 한 그룹에게는 초코칩쿠키를 맘껏 먹도록 하고 다른 한 그룹에게는 초코칩쿠키를 먹지 못하게 금지하는 대신 얇게 자른 씁쓸한 무를 억지로 먹게 했다.

　일정 시간이 지난 후 이들에게는 난해한 문제를 풀도록 하고 두 그룹 학생들이 얼마나 오랫동안 문제를 푸는 데 에너지를 쏟는지 측정한 결과, 쿠키를 먹은 학생들은 평균 19분가량 문제풀이에 시간을 투자하는 데 반해 쓴 무를 먹게 한 그룹은 겨우 8분 정도 문제를 풀다가 중도에 포기해 버리고 말았다. 의지력은 고갈되는 자원임을 증명해 보이는 실험이었다.

자기통제력도
근육처럼 키울 수 있다

눈앞에 맛있는 초코칩쿠키를 두고 먹지 못하게 된 학생들은 먹고 싶은 욕구를 참는 데 상당한 의지력을 소비하게 된다. 이들이 문제를 푸는 데 불과 8분밖에 집중할 수 없었던 이유는 의지력을 이미 상당부분 고갈시켰기 때문인 것이다.

이 효과를 '자아의 고갈'이라 하는데 인간의 의지력은 한정적 자원이고 의지력을 쓰는 빈도에 따라 총량이 감소한다는 것을 알 수 있다. 바우마이스터 부부는 실험결과를 토대로 '자아의 고갈'ego depletion'이란 이론을 수립했다.

이론에 따르면, 자기통제력은 무한정 존재하지 않는 한정된 에너지 자원이다. 자기통제력을 사용하면 이 자원은 고갈된다. 자기통제를 위한 에너지는 다시 보충된다. 다만 보충되는 속도는 고갈되는 속도보다 느리다. 그래서 종종 바닥을 드러낸다. 하지만 자기통제력은 근육과 비슷해 반복적으로 훈련하면 능력치를 높일 수 있다.

결재는
아침에 받아라

직장에서 쉽게 결재를 받기 위해서는 결재를 올리는 타이밍이 중요하다. 평상시에는 오전 중에 받는 것이 좋다. 격무에 시달려 에너지가 고갈된 오후 늦게 시도하는 것은 최악이다.

오전 중이라도 참고할 요소가 있다. 조간신문에 기업과 관련된 부정적인 보도가 나와 홍보부장이 사장실에 보고 중이거나 조직 내 준법문제가 생겨 검사부장이 보고 중이라면 사장님께 올리는 결재를 내일로 미루는 것이 좋다.

심각한 논의로 자기통제력이 이미 고갈된 결재권자에게 신사업의 아이디어가 좋아 보일 리 없다. 결재를 잘 받기 위해서는 첫째 비서실장을 통해 사장님의 심기가 어떤지 물어보는 것이 첫째요, 앞선 보고자가 어떤 내용을 보고하는지 살펴보는 것이 중요하다. 생활의 지혜다.

자제력은
왜 고갈되는가?

사람의 유한한 자제력을 고갈시키는 원인에는 부정적인 감정의 반응을 억제하느라 애쓰는 경우, 갈등을 수반하는 선택을 감행하는 경우, 타인에게 좋은 인상을 주기 위해 마음에 없는 노력을 기울이는 경우, 타인의 시선을 의식해 억지로 노력하는 친절 등이 있다.

자제력이 고갈됐음을 보여주는 행동에는 자극에 대한 과민한 반응을 보이거나 의사결정 능력이 저하되고 충동구매로 인한 과소비나 음주, 도박 등의 행동이 있다.

대형마트 내 식당가와
계산대에 있는 초콜릿

　다양한 선택지에 마주한 상황에서 최선의 선택을 하기 위해 소비자는 다양한 상품의 여러 가지 측면을 비교해 보아야 한다. 소비자의 선택에 따르는 복잡성은 자아고갈로 이어질 수 있다.

　대형마트에 자리잡은 식당가는 왜 잘 될까. 쇼핑을 하는 데 많은 에너지가 필요하다. 쇼핑을 위한 에너지의 보충을 위해, 쇼핑으로 고갈된 에너지의 보충을 위해 유통업체들은 푸드코트 등의 식당을 만든다.

　쇼핑을 다 마치고 계산대에서 줄을 서면 순서를 기다리는 동안 초콜릿이나 사탕, 당음료 등이 계산대 주변에 놓여 있다.

　소비의 세계에서는 사람들은 불필요한 충동구매를 억제하는 동시에 현명한 구매를 위한 소중한 에너지 자원이 요구되는 선택과 결정에 직면한다. 쇼핑으로 고갈된 에너지를 충족하기 위해 자연스럽게 손이 가서 계산대에 올려놓을 가능성이 높다.

기분이 광고에
미치는 영향

프레드 브론너Fred Bronner 암스테르담대 미디어학과 교수
의 실험을 보자.

1,287명의 참가자를 대상으로 신문을 대충 넘겨본 다음
기억나는 광고가 있느냐의 질문에 대한 답변을 들어보았
다. 참가자들의 기분에 따라 마음이 편한 사람은 56퍼센트
의 광고를 기억하고, 스트레스를 받고 있는 사람은 36퍼센
트만 기억하는 것으로 나타났다.

"하루를 멋지게 보냈다"에 전적으로 동의하는 피실험자는
46퍼센트가 광고를 기억한 반면, "전혀 동의하지 않는다"고
응답한 고객은 26퍼센트만 광고를 기억했다.

광고 한 편을 보여준 후 광고가 마음에 들었는지 평가와
광고를 본 시점의 기분이 행복한지 우울한지에 대한 10점
척도의 질문에서 7점 이상의 행복한 고객은 21퍼센트가 광
고를 좋다고 평가한 반면, 6점 이하의 응답자들은 13퍼센
트만이 광고를 좋아하는 것으로 응답했다.

사람들은 기분 좋을 때 본 광고에 호감도가 높아진다. 소
비자들은 행복할 때 광고를 더 잘 기억한다. 이러한 실험
결과를 적용하면 출퇴근 때보다 영화를 볼 때 기분이 좋을

가능성이 크고, 금요일 토요일에 기분이 좋을 가능성이 크다고 하겠다. 광고 집행에서 매체 선택과 타이밍을 고려할 필요가 있다.

일상생활에서 벌어지는 자아의 고갈

'Hangry'라는 단어가 있다. 'Hunger'와 'Angry'가 합쳐져 탄생한 단어로 배가 고픈 탓에 쉽게 짜증이 나고 화가 치미는 상태를 말한다.

의학적으로는 우리는 식사를 하지 못했을 경우 뇌의 필수적인 연료인 포도당이 현저히 줄어들어 스트레스 호르몬 분비로 이어지게 되며 뇌가 이성적으로 자제력을 발휘하지 못해 쉽게 화를 내게 된다는 설명이다. 아침부터 잘 먹혔던 다이어트 결심이 한밤 야식의 유혹에 속절없이 무너지는 이유도 자아고갈 탓이라고 지적한다.

다이어트 하는 사람들은 아침부터 종일 음식 먹기를 참느라고 밤이 되면 자기통제력에 소요되는 에너지가 바닥나게 된다. 결연한 다이어트 의지가 라면이나 치킨 같은 야식의 유혹 앞에 무릎 꿇게 되는 것은 그 때문이다.

자아고갈이론을 신봉하는 전문가들은 경제능력을 벗어

나는 과소비, 다이어트를 망치는 야식의 유혹을 견뎌내려면, 마치 근육 운동처럼 의지력 강화 훈련을 해야 한다고 주장한다.

　나의 피곤과 나의 자아고갈로 애꿎은 부하직원이 밤새 준비한 기획안이 평가절하 될 수도 있다. 조직의 리더가 너무 바쁘면 안 되는 이유다. 일의 종류에는 시급하고 중요한 일, 시급한데 중요하지 않은 일, 시급하지 않은데 중요한 일, 시급하지도 않지만 중요하지도 않은 일이 있다. 리더는 시급하지 않은 중요한 일을 고민해야 한다. 리더만이 시급하지 않은 일을 고민할 수 있는 여건이 된다. 시급한 일은 최대한 하부에 위임하고 리더가 조용히 생각하고 고민하지 않으면 먼 미래를 내다보는 준비를 아무도 할 수 없다. 솔선수범 열심히 일하는 리더로는 당장은 아래 직원들로부터 칭찬받을 수는 있지만 그런 조직의 미래는 밝지 않다.

상호성의 법칙

Law of Reciprocality

인간의 마음속에는 타인에 대한 적의가 내재돼 있다.

이 이유 없는 마음으로부터 벗어나는 방법이 하나 있다.

상대를 존중하는 것이다.

인간은 자신이 존중받으면

상대방에게도 존중하는 마음을 품는 경향이 있다.

자신을 소중하게 대해주는 사람에게는

미워하는 마음을 가질 수 없다.

_발타자르 그라시안

상대가 호의를 베풀면 호의를 받은 사람은 빚진 감정을 갖게 되고 나중에 다시 그 빚진 마음을 갚으려고 하는 인간의 심리를 '상호성의 법칙'이라고 한다.

까치보다 못한
인간이 돼선 안 돼

1971년 코넬대 심리학과 데니스 리건Dennis Regan 교수의
실험을 보자. 이들은 실험실에 들어가는 대학생 일부에게
공짜 콜라를 권했다. 실험을 마친 후 1장에 25센트 하는 복
권을 사달라고 부탁했다. 당시 콜라는 10센트에 불과했다.
그 결과 공짜 콜라를 마신 학생들은 그렇지 않은 학생들에
비해 2배 이상 복권을 구입했다. 작은 호의를 받은 사람이
그렇지 않은 사람보다 부탁에 응해줄 확률이 높다는 것을
보여주는 예다.

누군가의 호의에 반드시 갚아야 한다는 생각은 인간을 인
간답게 하고 정이 넘치는 사회를 건설하기 위한 원칙으로
간주된다. 〈나그네에게 은혜를 갚은 까치〉 같은 동화는 어
려서부터 어린이들이 듣고 자라는 이야기로 하물며 동물
이 그럴진대 은혜를 갚는 것은 인간의 도리로 교육받고 자
라난다.

그래서 다른 사람의 호의, 선물, 초대 등이 결코 공짜가 아
니라 미래에 갚아야 할 빚으로 여겨진다. 축의금이나 조의
금을 받은 것은 꼭 기록해놓는 우리의 습관도 우리가 받기
만 하고 상응하는 보답을 못하는 경우 인간 취급을 못 받을

것이라는 우려에서 나온다. 어느 교수가 재미있는 실험을 해보았다. 전화번호부에서 무작위로 선정된 낯선 사람에게 크리스마스카드를 보냈더니 많은 사람이 누군지도 모르는 사람에게 답장을 보내오더라는 것이다.

인류의 현명한
생존전략

마케팅에서는 소비자들의 이러한 심리를 종종 이용한다. 마트 시식코너에서 공짜로 맛보게 해 주는 음식, 금융기관이나 기업체에서 주요고객에게 사은품을 제공하는 것이 그것이다. 저렇게 공짜로 주면 무엇이 남을까 생각하지만 공짜로 맛본 음식 한 조각은 언젠가 갚아야 할 마음의 빚으로 남는다.

상호성의 법칙은 우리 사회에서 접대라는 문화가 사라지지 않는 이유이기도 하다. 사실 이 법칙은 원시시대로부터 비롯된 인류의 현명한 생존전략이었다. 냉장고가 없던 수렵과 채집의 시절 나의 사냥감이나 수확물이 먹고도 남았을 때 버리기보다는 배고픈 남에게 주고 나중에 내가 사냥에 실패해 배가 고플 때 사냥에 성공해 여유가 되는 쪽으로부터 되받는 것은 생존을 위해 현명한 행동이었음이 틀림없다.

로버트 치알디니Robert Cialdini의《설득의 심리학》에 따르면, 미국의 크리슈나Krisuna, 힌두교신화에 나오는 신 신도들이 성공을 거둔 기부금 모금 방식의 원리로 '상호성의 법칙'을 소개한다. 신도들은 공항 같은 공공장소에서 여행객에게 다가가 "우리의 마음을 담은 선물"이라며 먼저 꽃을 안긴 뒤, 나중에 기부금을 내달라고 요청하는데, 꽃을 받은 사람들은 이에 응하는 비율이 높게 나타났다.

스트로메츠Strohmetz 연구팀은 2002년 음식점에서 제공하는 초콜릿 한 조각이 음식점 서빙직원의 팁에 미치는 영향을 연구했는데, 계산서를 줄 때 초콜릿이나 사탕을 함께 주는 경우 웨이터와 웨이트리스의 팁은 더 올라갔다.

상호성의 법칙에
교묘히 낚일 수도 있다

상호성의 법칙을 이용해 상대방을 설득할 수도 있지만 반대로 상대의 교묘한 상호성의 법칙에 낚이는 경우도 많다. 이 법칙에 따르면, 상대방을 설득하려면 그를 빚진 상태로 만들어야 한다. 따라서 상대방에게 거절을 감수하고서라도 과도하고 적극적으로 요구하게 되면 상대방은 당신에게 마음의 빚을 지게 되고, 이때 좀 더 작은 부탁을 하는 경우 상대는 한때 거절했던 마음의 빚을 갚기 위해서라도 작은 부탁을 수용할 가능성이 높다.

치알디니 연구팀의 1975년 연구에 따르면, 처음 과도한 부탁을 하고 이후 다소 작은 부탁을 한 경우와, 처음부터 작은 부탁을 한 경우에 전자는 50퍼센트가 수용하는 반면, 후자는 17퍼센트만이 수용하는 결과를 관찰 할 수 있었다. 즉, 처음부터 10만 원을 빌려 달라고 부탁하는 경우 거절당하기 쉽지만, 100만 원을 빌려 달라고 한 후 상대방이 거절했을 때 "그럼 10만 원만 빌려 달라"고 부탁하면 그가 한 번 양보한 만큼 나도 한 번 양보해야 한다는 생각으로 10만 원을 빌려주게 되는 확률이 높아지는 것이다.

미국 정치가 벤자민 플랭클린의 경우에도 반대 정당의 정적에게 책을 빌려달라는 등 사소한 부탁을 함으로써 그들을 오히려 자기편으로 만들었다고 한다. 책을 빌려주는 사소한 행위로 두 사람의 관계가 친밀하고도 협력의 관계에 있다는 착각을 불러일으키게 됐을 것이다.

조직에서 가장 큰 상호성의 법칙은
칭찬과 관심

사소한 친절은 다시 돌아온다. 남에게 보인 작은 관심과 칭찬은 다시 돌아온다. 제3자를 통해 당사에게 전해지는 칭찬은 효과가 더욱 크다. 대부분의 직장인도 상사의 신뢰, 즉 인정과 칭찬에 대한 보답으로 야근과 주말출근을 기꺼이 한다.

사마천의 《사기》에 나오는 위나라 장군 오기 이야기는 인간에게 적용되는 상호성 법칙의 극치를 보여준다. 출세를 위해 아내까지 죽인 냉혹한 장수 오기는 어느 날 병사 한 명이 종기가 나 고생하는 것을 보고는 입으로 고름을 빨아주었다. 병사의 고향에 이 소식이 전해지자 병사의 노모는 통곡했다. 노파에게 사연을 물으니 병사의 아버지도 오기가 입으로 고름을 빨아주었기에 목숨을 아끼지 않고 싸우다 결국 전사했는데, 아들도 마찬가지로 곧 죽지 않겠는가 하는 것이었다.

주었는데 받지 못했다고
슬퍼하거나 노여워하지 마라

애덤 그랜트의《Give and Take》에 따르면, 직장에서 우리는 흔히 세 부류의 인간형을 만나게 된다.

[1] 남에게 베풀기보다 내 이익을 먼저 챙기는 사람 taker
[2] 받는 만큼만 주고, 주는 만큼만 받으려는 사람 matcher
[3] 나보다 다른 사람의 이익을 먼저 생각하고, 조건 없이 베푸는 사람 giver

그의 연구에 따르면, 우리의 상식과 같이 '기버'giver가 성공사다리의 맨 밑바닥으로 추락한다는 사실을 인정한다. 만만한 사람 정도로 치부돼 다른 사람들에게 이용당하거나 양보만 하고 퍼주다가 손해를 보기 때문이다. 하지만 이와 동시에 성공사다리의 맨 꼭대기에 오르는 사람 또한 '기버'라는 다소 충격적인 결론을 내놓는다. 따라서 최고로 성공하는 사람이 되기 위해서는 먼저 주는 사람이 될 수 있도록 노력하라는 것이 이 책의 요지다.

도울 때는 조건 없이 순순히 도와라. '상호성의 법칙'에 매달리지 마라. 이유 없는 친절, 이유 없는 기부, 대가를 바라지 않은 칭찬을 해보자. 마음이 행복해진다.

원래 사람은 자기가 준 것은 잘 기억하지만, 받은 것은 잘 기억하지 못하는 습성이 있다. 한 집단을 대상으로 집단 내에서 서로 도움을 준 것과 받은 것을 꼼꼼히 기록하라고 했을 때 일정시간이 지난 후 모두 공개해 보니 서로에게 주었다고 한 것과 받았다고 한 것이 크게 차이 나는 실험 결과가 있다.

남에게 도움을 주었다는 것은 많은데 그걸 받았다는 사람은 없다. 따라서 당신이 남에게 준 만큼 받지 못했다고 섭섭한 경우, 당신도 누군가로부터 당신 모르게 받은 것에 대해 그 누군가가 섭섭함을 느끼고 있을 가능성이 높다.

법륜 스님은 책에서 "우리가 산을 좋아하거나 꽃을 좋아하는 경우, 그 산이나 꽃이 나를 알아주거나 고마워서 그런 것은 아니다. 내가 좋아서 가는 것이다. 마찬가지로 자기가 좋아서 하는 일에 상대방이 알아주지 않는다고 섭섭해 하거나 비난하지 말라"고 하셨다.

사전적·법률적으로 뇌물은 청탁성·대가성이 있는지 여부로 판단한다.

타인에 대한 친절이나 칭찬도 무언가의 기대와 목적이 숨어 있다면 뇌물이 될 수 있다. 상대방에 준 것이 뇌물이 아니었다면 과거에 준 것은 깨끗이 잊을 일이다. 그래야 마음이 편하다. 대신 당신이 남으로부터 받은 것, 누린 것에 대해 보답하고 있지 못한 것은 없는지 살펴보고 또 살펴볼 일이다. 국가와 사회, 직장, 부모님, 그리고 당신의 배우자로부터 받은 것은 없었는지, 갚을 빚은 없는 것인지 생각해 보길 바란다.

주부 A씨가 어느 날 단지 내 주부 B씨에게 커피 한 잔을 대접했다. B씨는 며칠 후 친정에서 보내온 것이라며 고구마를 가져왔다. A씨는 며칠 후 반찬을 많이 만들어 일부를 B씨 집에 건네주었고 B씨 집에서는 다시 며칠 후 옥수수를 쪄 왔다. 다음에는 뭘 주어야 할까 A씨의 고민은 커져간다.

심순애가 김중배의 다이아몬드반지 선물에 고무신을 거꾸로 신은 것도 어쩌면 상호성의 법칙이다. 이수일은 심순애를 비난할 것이 아니라 평소 구리반지 선물이라도 했어야 했다. 프러포즈에 반지나 목걸이가 동원되는 이유다.

발렌타인데이에 여성으로부터 초콜릿을 받았다면 이어지는 화이트데이를 잊으면 안 된다. 그리고 유념하시라. 상대방은 초콜릿이나 사탕이 아닌 명품백으로 돌아오길 기대하고 있을 수도 있다.

수면자효과

Sleeper Effect

정치인이 가짜뉴스를 전달하는 이유?

사후 팩트체크는 소용없다.

시간이 지나가면서 습득한 정보에 대한 수용자들의 태도 변화를 칭하며 수용자가 정보에 노출된 직후와 비교해 시간이 지난 후 그 정보에 대한 태도가 변하는 경향을 말한다. 일반적으로는 신뢰성이 낮은 출처의 정보가 시간이 지나면서 그 설득력이 높아지는 현상을 말한다.

정보만 기억에 남고
출처는 망각된다

　예일대 칼 호블랜드Hovland 교수는 1949년 미 육군의 징집을 위한 선전영화의 효과를 분석했다. 선전영화를 본 후 5일 후의 조사 결과가 선전에 대한 호응도가 낮은 반면, 9주가 지나면서 반응은 호의적으로 나타나는 것을 발견했다. 이는 영향력이 시간이 지날수록 약화될 것이라는 일반적 통념과는 반대되는 현상이었다.

　수면자효과가 나타나는 이유는 정보의 출처와 정보의 내용 자체가 시간이 지나면서 서로 분리되기 때문이며 인간의 기억이 정보의 내용보다는 그 출처를 더 빨리 망각하기 때문이다.

　정보가 전달된 직후에는 정보 출처에 대한 신뢰성이 낮기 때문에 설득효과가 억제되지만, 시간이 지나면서 정보의 출처에 대한 기억이 망각돼 억제돼 있던 본래의 설득효과가 나타나 수용자는 정보 자체의 내용과 질에 집중하게 된다.

　이 같은 현상이 '수면자효과'로 불리는 이유는 시간이 경과하면서 정보만 기억에 남고, 정보의 출처와 정보 전달원에 대해서는 꿈을 꾼 것처럼 희미해지기 때문이다.

호블랜드는 정보 출처의 신뢰성이 수용자의 태도 및 의견 변화에 어떠한 영향을 미치는지를 실험을 통해 밝혀냈다.

권위 있는 저널 및 학자 등 신빙성이 높은 출처와 자유기고가의 글과 같은 신빙성이 낮은 출처의 정보를 각각 선정한 후에 참여자들이 정보에 노출된 직후와 노출 이후 2주가 지난 시점에서 느끼는 정보에 대한 설득력을 측정했다.

측정 결과, 전체적으로 신빙성이 높은 출처의 정보는 시간이 지나면서 그 설득력이 10.4퍼센트 감소했고, 신빙성이 낮은 출처의 정보의 설득력은 7.4퍼센트 증가했다.

홍보담당자가 언론과 기자를 무서워하는 이유

광고·마케팅 연구자들은 수면자 효과로 인해 소비자들이 광고에 노출된 직후가 아닌, 일정 시간이 지난 이후 특정 브랜드나 제품을 기억하는 것으로 그 효과를 측정한다. 따라서 광고 당시의 세간의 이목을 끄는 광고의 제작보다는 시간이 지난 후에도 소비자들이 기억할 만한 광고 및 제품 정보를 효과적으로 구성하는 것이 좋은 TV광고의 핵심이다.

사람들은 정보의 출처는 빨리 잊어버리지만 메시지 자체

는 오래 기억한다. 정치적인 선전에서는 수면자효과로 인한 네거티브 전략이나 흑색선전을 발견할 수 있는데, 특정 정치인과 정당에 대해 사실과 무관한 악의적인 거짓 정보는 시간이 경과함에 따라 그 출처와 상관없이 대중의 부정적인 태도 변화를 일으킬 수 있기 때문이다.

정치인의 선거판의 흑색선전이 난무하는 이유다. 출처가 믿을 수 없어도 출처는 곧 잊히고 메시지는 오래 기억에 남게 된다. 일단 언론에 헤드라인을 장식한 뉴스는 이후 아무리 정정보도를 싣더라도 그로 인한 피해를 되돌릴 수 없다. 이것이 모든 회사의 홍보담당자들이 언론과 기자를 무서워하는 이유다.

사람들은 처음의 증거가 잘못됐다고 밝혀진 뒤에도 한번 생긴 믿음은 좀처럼 사라지지 않는다. 한번 가진 믿음을 그대로 고수하려는 경향을 '믿음집착'belief perseverence이라고 부른다.

가짜뉴스를 전하는 유튜버가 사회문제로 심각하게 대두되는 이유다. 근거 없는 소문이나 가짜뉴스임을 알아도 나중에는 자신도 모르게 사실로 둔갑해 마음속에 자리잡는다.

서브리미널
광고

인플루언서의 파급력은 날로 커지고 있다. 그(녀)가 입은 옷, 화장, 머리, 신발에 우리는 끌린다. 그가 쓰는 언어는 맞춤법과 표준어인지와 상관없이 자연스럽게 침투하는 것뿐만 아니라 그가 전하는 메시지 역시 당장은 동의를 안 하더라도 오랜 시간 후 자신의 의식이나 판단에 영향을 미칠 수 있다.

인지하기 어려운 수준의 무의식적 자극 등으로 인간의 잠재의식에 영향을 가하는 것을 '서브리미널효과Subliminal Effect'라고 한다. 이 실험은 마케팅 전문가 제임스 비카리 James McDonald Vicary가 제안했다. 그는 1957년 다음과 같은 마케팅실험을 실시했다.

비카리는 〈피크닉〉이라는 영화의 상영 중간에 '타키스토 스코프'tachistoscope, 그림, 글자 등을 짧은 시간 화면에 보여 주는 순간 노출기 라는 장치를 사용해 메시지를 끼워 넣었다. 그 메시지는 '코 카콜라를 마셔!'Drink Coca Cola, '배고파? 팝콘을 먹어.'Hungry? Eat Popcorn였다. 이 메시지는 3,000분의 1초 동안만 보여 어떤 관객도 이를 알아차리지 못했는데, 그럼에도 영화 종료 후 극장 내 팝콘과 콜라 판매량은 증가했다.

비카리 영화 속 메시지가 관객의 잠재의식에 영향을 미쳤다고 주장하면서 '서브리미널광고'subliminal advertising 개념이 소개된 것이다.

거짓실험으로
탄생한 PPL

하지만 이 실험은 가짜인 것으로 드러났다. 그 당시 기술로 3,000분의 1초의 동영상을 영화 중간에 삽입하는 것이 불가능했고 팝콘과 콜라의 판매량을 정확하게 측정한 것도 아니었다. 결국 비카리는 자신의 연구소를 홍보하기 위해 조작된 실험이라고 밝혔으나 '서브리미널효과'subliminal effect는 유명해졌고 사람들 마음속에 우리의 잠재의식이 지배당할 수도 있다는 경고를 주었다.

드라마나 영화 중 주인공들이 자연스럽게 제품을 이용하는 PPLProduct Placement도 광고효과를 발휘한다. PPL은 화면에 자사 제품·브랜드·서비스를 배치해 관객 또는 시청자들의 무의식 속에 그 이미지를 자연스럽게 인지시키고, 그에 대한 대가로 약정된 대금을 지불하는 상호호혜적인 간접광고다.

현재는 비카리의 조작된 실험처럼 시청자들이 의식도 하지 못할 만큼 짧은 문구를 넣는 형식의 광고는 하지 않지만 드라마나 영화 중 주인공들이 자연스럽게 제품을 이용하는 PPL 형식으로 서브리미널효과를 이용하고 있다고 볼 수 있다.

사소한 것에 낚이지 말고
사소한 것에 감사하라

오늘밤 갑자기 당기는 치맥이나 라면이 사실 어느 드라마에서 무의식적으로 본 장면에서 비롯된 것일 수도 있다.

신문, TV, 인터넷 등에서 언젠가 본 사건사고, 갈등과 막말이 불행을 자초하고, 뉴스를 떠받치는 광고로 새 물건이 필요하다고 유혹당할 수도 있다. 그러니 뉴스 대신 책을 접하는 편이 좋다. 좋은 친구, 좋은 사람, 즐거운 사람만 만나는 것이 좋다.

인식하지도 못하는 무의식적인 아름다움이 쌓여 의식하는 작은 행복이 되고, 이 작은 행복들이 모여 큰 행복이 될 것이다. 작은 감사가 모여 큰 감사로 바뀔 것이다.

우리는 작은 감사를 잘 인지하지 못한다. 시인들이 보는 들꽃 한 송이의 아름다움을 우린 보지 못한다. 사소한 것에 낚이지 말고 사소한 것에 감사하자.

고정행동유형

Fixed-Action Patterns

보스가 좋아할 것인지, 싫어할 것인지에 대해

끊임없이 걱정하는 것만큼

조직을 빨리 퇴보시키는 것은 없다.

_토요타 기이치로, 토요타 창업자

동물생태학에서 다양한 동물이 구애·구혼 의식이나 교미의식 같은 일련의 행동에서 발견되는 규칙적이고 맹목적이고 기계적인 행동 양식.

어미 칠면조와
박제된 족제비

로버트 치알디니의《설득의 심리학》을 보면, 동물생태학 자연에서의 동물들의 행동에 관한 연구 분야적 관찰에서 발견된 어미 칠면조 이야기가 나온다. 칠면조는 시력이 좋지 않아, 새끼를 양육할 때는 '칩칩'이라는 소리를 듣고 사랑을 주기 시작한다고 한다.

동물생태학자인 폭스Fox의 '어미 칠면조와 박제된 족제비' 실험에서 두 동물은 천적관계이지만 박제된 족제비 모형에 미리 녹음된 칠면조 새끼의 울음소리인 "칩칩" 사운드를 내장해 들려주면 족제비를 우호적으로 대하면서 품에 안기까지 한다는 것이다.

새끼 칠면조의 냄새, 신체 접촉, 그리고 생김새는 어미 칠면조에게 아무런 자극을 주지 못한다. 오직 새끼 칠면조의 "칩칩" 소리가 있어야 어미 칠면조는 자기의 새끼를 돌보기 시작하며 소리가 들리지 않으면 철저하게 외면한다. 녹음기를 끄자 칠면조는 박제 족제비를 공격하기 시작했다.

수컷 참새의 '빨간 가슴털 진흙덩어리 공격' 현상도 예를 들 수 있다. 수컷참새는 자신의 영역에서 다른 수컷 참새의 빨간 가슴털이 꽂혀 있는 진흙덩어리를 발견하면 마치 그

것이 자신의 경쟁 참새인 양 맹렬하게 공격하는 것을 볼 수 있다. 놀랍게도 자신의 영역에서 빨간 가슴털이 제거된 수컷 참새의 박제에 대해서는 아무런 반응을 보이지 않는다.

'설득의 심리학'에서는 동물뿐 아니라 인간들도 프로그램된 '테이프'를 가지고 있다고 한다. 마치 아라비안나이트에서 '열려라, 참깨'라는 주문에 의해 육중한 동굴 문이 열리듯이 특정 '유발기제trigger feature'가 작동되면 정해진 행동을 순서에 따라 자동적으로 진행하게 된다는 것이다.

'왜냐하면'에 낚인다

유발기제를 조작하면 하등동물의 행동을 좌지우지해 상황에 어울리지 않는 우스꽝스러운 행동도 얼마든지 만들어낼 수 있다. 재미있는 것은 인간들도 이에 자유롭지 못하다. 동물들의 고정행동유형에 버금가는 사람들의 자동화된 행동은 하버드대 심리학자 엘렌 랭어Ellen Langer 에 의한 실험에서 명확하게 나타난다.

1978년 랭어는 도서관 복사기 앞에서 줄서서 차례를 기다리는 사람들을 대상으로 어떤 조건일 때 사람들이 양보해 주는지 알아보는 실험을 했다. 줄의 맨 앞으로 가서 다음과 같은 질문을 던졌다.

[1] 죄송합니다만 제가 지금 다섯 장을 복사해야 하는데 먼저 복사기를 사용하면 안 될까요?

[2] 죄송합니다만 제가 지금 다섯 장을 복사해야 하는데 먼저 복사기를 사용하면 안 될까요? 제가 지금 광장히 바빠서요.

첫 번째 표현으로 요청했을 때의 양보율은 60퍼센트, 두 번째 질문의 양보율은 94퍼센트였다. 랭어는 여기서 한 걸음 더 나아가 다음과 같은 질문을 던졌다.

[3] 죄송합니다만 제가 지금 다섯 장을 복사해야 하는데 먼저 복사기를 사용하면 안될까요? '왜냐하면', 제가 꼭 복사를 해야 하거든요.

복사를 먼저 해야 하는 이유가 논리적 타당성을 지닌 설득력 있는 이유가 아님에도 93퍼센트의 사람이 양보를 했다.

'왜냐하면'이라는 말을 들으면 사람들은 그 이유에 합리성이 있는지 검토해 보지 않고 충분한 이유가 있는 것으로 자동적인 반응을 보인다. 이것이 바로 사람들의 '자동화된 행동'이라 하겠다. 랭어는 인간행동의 법칙 중 하나로 다른 사람에게 어떤 호의를 요청할 때는 왜 지금 그것이 필요한가에 대한 이유를 반드시 제시하라고 했다. 사람들은 자신의 행동이 "이유 있는 것"이 되기를 원하기 때문이다.

공항에서 항공기 출발 지연에 대한 안내방송을 한다.

[1] "루프트한자 1234편의 출발이 3시간 지연되겠습니다."

[2] "루프트한자 1234편의 출발이 '공항 측 사정으로' 3시간 지연되겠습니다."

두 안내방송 중 승객 입장에서는 후자의 멘트가 특별히 납득할 만한 이유가 아님에도 더 너그럽게 수용하게 된다. 누군가에게 무엇을 부탁하거나 요청할 때는 이유가 엉터리라 하더라도 이유를 대는 것이 상대방을 설득하기 쉽다.

고정행동유형의 또 다른 사례로 다음과 같은 재미있는 이야기가 있다.

한 상점에서 잘 팔리지 않는 보석을 반값에 처분하라고 점원에게 지시했는데 잘못 이해한 점원은 두 배의 가격표를 붙여놓는 실수를 저질렀다. 그랬더니 팔리지 않던 그 상품이 다 팔려버렸다. 사람들은 '비싼 제품=그만한 가치가 있는 좋은 상품'이라는 고정행동유형의 반응을 보인다.

직장에서 흔히 발생하는 고정행동 유형엔 어떤 것이 있을까? 대표적인 것으로는 '이거 사장님의 지시하신 일인데….'가 아닐 듯싶다. 유발기제trigger feature가 '사장님 말씀'인 경우 우리는 논리적이고 객관적인 판단을 하기 어렵다.

부장이라면 팀원에게 어떤 일을 지시할 때 그 일을 해야 하는 이유와 의미를 설명해주는 것이 좋다. 도스토예프스키는 "인간에게 가장 가혹한 형벌은 전혀 무익하고 무의미한 일을 하게 하는 것이다"라고 말했다. "묻지 말고 시키는 일이나 해!"라는 식의 태도가 직원의 열정과 의욕에 찬물을 끼얹는 것이다.

사장이라면 기업의 존재이유인 미션을 구성원과 공유하고 있는가 점검해 볼 일이다. 액자에 걸려 있는 멋진 미사여구가 아닌, 직원들이 공감하는 기업의 미션을 공유하고 있는지.

그랜드캐년과
아파트 베란다

'이유가 있는 삶'을 사는 자는 행복하다. '왜 살지?' 하는 삶의 이유, 내가 일하는 이유, 너무 자주는 아니더라도 가끔은 생각해 보자.

칠면조와 천적 족제비, 그리고 새끼 칠면조의 칩칩 소리, '비싼 것=고급품'이라는 고정행동유형은 고급여행은 비싼 여행이 돼야 하고 좋은 차는 비싼 차여야만 한다는 생각의 오류를 낳는다. 그러나 고급여행은 무엇일까? 최고의 행복감과 기쁨, 영감을 주는 여행, 삶의 활력소를 주는 여행이 아닐까? 그랜드캐년의 일몰을 보는 것이 기쁨을 줄 수 있다. 인생의 큰 행복은 그랜드캐년 같은 곳에 가야 찾을 수 있다는 착각에서 벗어나는 것이 행복의 지름길이다. 해는 매일 당신 아파트 베란다에서도 진다.

귀인오류

Fundamental Attribution Error

착각은 짧고 오해는 길다.

그리하여 착각은 자유지만 오해는 금물이다.

_〈응답하라 1988〉 중

'귀인오류' 또는 '기본귀인오류'란 타인의 행동 또는 문제 상황에 대한 이유를 환경적 요인이나 특수한 외부 요인, 맥락에서 찾지 않고, 그 사람의 개인적인 성향이나 성격, 능력, 감정, 태도 등 그 사람의 내적 요인에서 찾으려는 경향을 말한다. 어떤 행동에는 사회구조부터 개인의 기질까지 수많은 원인이 작동하는데 우리는 오로지 그 사람이 이상해서 그런 행동을 했다고 생각한다. 이렇듯 앞뒤 상황이나 맥락을 살피지 않고 개인의 성격이나 기질 탓으로 돌리는 것을 '기본적 귀인오류'라고 부른다.

특정 요소만
선택적 지목

1967년 에드워드 존스, 빅터 해리스Edward Jones, Victor Harris 의 연구를 보자. 실험 참가자들에게 피델 카스트로Fidel Castro의 특정 관점에 대한 원고를 보여주고 읽게 했다. 본인의 의사와 관계없이 강제적으로 카스트로의 원고를 읽는 것임을 잘 알고 있음에도 사람들은 발표자가 원고 내용과 동일한 신념을 가지고 있다고 생각하는 것으로 나타났다. 이렇듯 사람들은 개인의 고유 요인을 시스템적으로 과대하게 평가하고, 상대적으로 외부 요인과 상황적인 요인들은 과소평가한다.

귀인이란 문자 그대로 '원인을 귀속시킨다'는 뜻이다. 어떤 말이나 행동의 원인이 어디에 있는지를 추리하는 과정을 귀인이라 한다. 어떤 사람이 어떤 말이나 행동을 한 경우, 그러한 언행을 한 데는 여러 원인이 있을 텐데, 그중 특정한 요소만 선택적으로 지목해 그 사람의 행동을 설명하려는 것을 귀인이라 하며 그 과정에서 오류를 범한다. 상대방에 대한 정보가 불충분한 상황에서 자기 멋대로 상대방을 평가하는 것은 분명히 오류를 범할 가능성이 높은데도, 모든 인간은 이런 성급한 판단을 다반사로 한다.

착한
사마리아인

 1973년 존 달리John Darley와 대니얼 뱃슨Daniel Batson 프린스턴대 심리학과 교수는 다음과 같은 실험을 했다. 가톨릭 교회 수습사제 40명에게 착한 사마리아인에 대한 이야기를 해준 후 다른 건물로 이동을 부탁하면서 1/3에게는 "늦었다. 다른 사람들이 기다리니 빨리 서둘라", 다른 1/3에게는 중간 정도의 시급성을, 나머지 1/3에게는 "시간 여유가 있다. 천천히 이동해도 좋다"고 말했다.

 수습사제들이 이동하는 중간에 곤경에 빠진 역할의 연기자가 사제들 앞에서 털썩 주저앉으며 신음과 기침을 하게 꾸몄다. 그랬더니 가장 시급한 이동의 부탁을 받은 그룹은 10퍼센트가 멈추어 도움을 준 반면 이동시간에 여유가 있었던 그룹은 63퍼센트가 도움을 주었다. 남을 돕는 것이 사제 개개인의 인성보다는 맥락과 상황이 더 중요함을 깨우쳐 준 실험이다.

천재지변도
대통령 책임?

　언론도 사고의 원인을 특정인의 책임으로 돌리거나 성공의 원인을 특정인의 공로로 돌리는 경우가 많다. 어떤 기업의 성장이나 몰락의 원인을 사장에게서 찾는다.

　사실상 경제적인 성공은 CEO의 탁월한 경영능력보다 일반적인 경제 상황과 업종이 지닌 매력에 달린 경우가 훨씬 더 많음을 알고 있음에도 누군가를 영웅으로, 희생양으로 삼는다. 경제, 정치, 외교 등은 그렇다 치더라도 대형화재나 사고, 심지어 태풍이나 산불 같은 천재지변까지 책임을 대통령 1인에게 귀속시키는 경향이 있다.

　기본적 귀인 오류가 발생하는 원인은 원시시대로부터 우리의 운명이나 생존이 다른 사람들과의 관계 속에 있었기 때문이다. 그래서 우리는 살아가는 동안 90퍼센트의 시간을 타인 등 사람들에 대해 생각하는 데 쏟아 붓고, 단 10퍼센트만 외부 상황과의 관계를 생각한다.

　질문하기는 쉽지만 정답을 말하기는 어렵다. 하지만 사람들은 대답을 잘 못하는 질문을 하는 경우 질문자는 똑똑하다고 생각하고 답변자는 덜 똑똑하다고 생각한다. TV 퀴즈프로그램에서 문제를 내는 MC는 참여한 출연자보다 똑똑해 보인다. 단지 스크립트에 따라 질문하는 것임에도 문제를 내는 MC는 답을 전부터 알고 있는 똑똑한 사람으로 인식되는 것이다.

상사가 당신보다
똑똑해 보이는 이유

1977년 리 로스와 동료들이 실험한 '출제자-출전자 패러다임'Questioner-Contestant Paradime. 단순한 역할극임에도 문제를 내는 출제가 답을 맞혀야 하는 출전자보다 똑똑하다고 믿는 경향을 발견함으로써 이러한 사실을 증명했다.

부하직원이 당신보다 무능해 보이는 것, 또는 반대로 상사가 당신보다 똑똑해 보이는 것은 상사는 부하직원에게 늘 어려운 질문을 던지고 대답을 요구하기 때문이다. 질문할 권한이 주로 상사에게 있기 때문이다.

부하직원을 낮게 보지 마라. 그들이 당신에게 질문하고 정답을 요구할 권한이 있다면 당신은 제대로 아는 것이 아무것도 없는 무능한 부장이라고 자책하게 될 것이다.

타인의 행동에 대해 환경의 힘을 과소평가하는 인간의 오류는 자신을 바라볼 때는 일관성을 잃는다. 남의 성공에 대해서는 상황이나 여건이 좋았던 덕이라 하고, 자신의 성공에 대해서는 노력과 땀, 능력의 결실이라고 생각한다.

반대로 남의 실패에 대해서는 그 사람의 능력이나 자질에 하자가 있었다고 생각하고, 자신의 실패에 대해서는 주변 상황이 어쩔 수 없었다고 변호한다. 사람들은 '내로남불'의 잣대를 적용하는 것이다.

남의 범죄는 인간성이 사악하고 못 돼 그런 것이고, 내가 저지른 범죄는 실수로, 어쩔 수 없는 상황에서 벌어진 것이다. 남의 성공은 부모를 잘 만나서, 운을 잘 타고 나서 그런 것이고, 나의 성공은 성실과, 인내, 그리고 피땀 어린 노력의 결과다.

부하직원의 지각은 불성실하고 게을러 그렇다는 식으로 그 사람의 내부요인에서 원인을 찾는 경향이 있다. 미운털이 박힌 부하직원인 경우엔 더욱 그러하다. 그러나 자신의 지각은 출근길 교통사고 등 예기치 못한 교통체증으로 인한 불가피한 상황에서 벌어진 어쩔 수 없는 일이 된다.

남이 정체된 고속도로 갓길로 달리는 것은 치사하고 나쁜 짓, 내가 달릴 경우에는 급한 환자가 뒷좌석에 있었거나 중요한 클라이언트와의 약속을 지키기 위한 정말로 특수한 경우와 사정이 있는 것이다.

직원의 일탈이나 무능은 사람을 잘못 뽑은 잘못이 크다.
하지만 채용 이후 직원의 자기계발 환경, 연수, 공정한 신상
필벌 논공행상의 조직문화 등의 문제는 없는지 생각해 봄
으로써 좀 더 나은 조직으로 나아갈 수 있다.

타고르의
깨달음

재러드 다이아몬드는《총, 균, 쇠》에서 문명의 우열을 인
종적 고유한 DNA의 차이가 아닌 환경에서 찾는다. 인류를
탄생시킨 아프리카가 아닌 유럽, 중국 문명이 뛰어났던 이
유는 유전자의 우수성이 아니라 농작물 생산 및 가축 사육
이 유리했던 기후 등의 외부환경에 있었다는 것이다.

물론 사람들이 범죄를 저지르게 된 이유의 일부가 주변
상황에 있다 해서 그 범죄행위가 용서되지는 않는다. 그럼
에도 우리가 귀찮게 상황요인들을 밝혀내야 하는 이유는
나쁜 행동에 대한 더 나은 설명이 미래에 그런 행동을 방지
하는 데 도움이 되기 때문이다.

아메리카 원주민에게는 이러한 가르침이 있다고 한다.

"신이시여, 우리가 다른 사람의 모카신을 신고 1마일 이상

걸을 때까지 그 사람을 판단하지 않게 해주소서."

인도의 시인 타고르는 어느 날 하인이 아침에 출근하지 아니하고 오후에 나와서 용서를 구하지 않고 뻔뻔하게 자기 일을 하자 화를 냈다. 그제야 하인은 "간밤에 딸이 죽어 묻고 오느라 늦었다"고 털어놨다. 타고르는 사람이 상대에 대한 이해가 없을 때, 그 사람의 인생에 무슨 일이 일어나는지 알 수 없을 때 얼마나 잔인해질 수 있는지를 깨달았다. 이후 타고르는 상대방에 무슨 사정이 있는지 알아보기 전에는 함부로 그 사람을 비난하거나 판단하지 않기로 다짐한다.

표정을 보고
판단하는 오류

힐렐 아비저Hillel Aviezer 연구팀은 일반적으로 역겨운 감정을 나타내는 얼굴 표정의 사진에 디지털 편집을 통해 다른 맥락의 상황을 연출해 보았다.

구겨진 더러운 속옷을 추가해 보았더니 사람들은 역겨운 표정이라 했다. 묘비 근처를 배경으로 넣었더니 슬픈 표정이라고 말했다. 같은 표정도 어떤 배경이냐에 따라 달리 해석하는 오류를 범한다.

그러니 표정을 보고 사람을 판단하는 것도 오류의 가능성이 높다. 나를 보고 찡그린 듯 오해하지만 실은 나를 본 순간 공교롭게도 발이 삐었을 수도 있다.

우리는 직장동료나 친구 관계 등 여러 맥락에 따르는 역할과 기대를 충족하려고 노력한다. 장례식장에서는 상주와 인사할 때 슬픈 표정을 짓고, 직장에서는 상사에게 밝은 미소를 보낸다. 직업상 고객에게는 친절하게 응대한다. 선생님은 학교에서 학생들에게 도덕적인 훈계를 한다.

그러나 그 사람들이 의무감이나 사회규범 속에서 자기의 역할을 다하는 맥락적 상황을 잊고 그 사람의 개인적 특성이나 의도로 과대평가하는 오류에 빠지기 쉽다.

공손히 인사하는 직원들이 평소 나에 대한 존경이나 나의 인간적 매력에 반한 것으로 오해한다든가, 늘 미소를 띠고 친절하게 응대하는 단골식당의 종업원에게 마치 자신보다 사회적 지위가 낮은 줄 알고 반말로 하대한다. 그들은 단지 먹고 살기 위해 그런 것이다.

극중 남자배우가
현실에서도 멋질 것이란 착각

드라마를 보면서 바람을 피우거나 악역을 맡은 남자배우는 실제 성격이 그럴 것으로 믿고, 희생적인 순애보 역할을 맡은 여주인공은 원래 그런 성품일 것이라고 착각하는 사람이 많다. 악역을 맡은 남자주인공이 시골 장터에서 할머니들에게 "그렇게 살지 말라"며 '등짝스매싱'을 당했다는 에피소드도 있다.

여배우들이 자신의 이미지를 위해 비련의 여주인공이나 좋은 역할만 하려 하는 것은 일반 사람들의 기본귀인오류를 걱정하는 것이다. 그래서 이 땅의 부인들에게 한마디 하고 싶다. 공유나 송중기, 현빈이 드라마에서 멋진 대사를 날리는 것은 본인의 생각이 아니라 작가가 써준 대본이라는 사실을.

그들이 절대로 당신을 위해 목숨 걸고 친절할 일은 없을 테니 제발 정신 차리시라고 당부말씀 드리고 싶다.

인과관계의 오류

Fallacy of Causality

논리적인 사고능력을 갖추지 못하면,

믿고 싶은 것은 모두 진실이 되고 만다.

_공병호

단순한 상관관계를 보이는 사건이나 우연히 벌어진 사건을 인과관계
로 오해해 원인과 결과를 잘못 연결 짓는 현상.

교란요인
제3의 변수

데이터 분석 없이 심증만으로 상관관계와 인과관계를 주장하는 사례도 있지만, 최근 빅데이터 분석 등을 통해 상관관계가 발견되는 경우 이를 성급하게 인과관계로 설명하는 오류가 종종 목격된다. 데이터 분석을 통해 상관관계를 분석해낼 수는 있지만 그것이 반드시 인과관계로 이어지는 것은 아니다.

인과관계를 주장하기 위해서는 원인은 결과 이전에 발생해야 하며, 원인 사건이 발생하지 않으면 결과 사건이 발생하지 않아야 한다거나 특정 사건이 일어나면 반드시 특정 결과가 발생해야 한다는 조건을 충족해야 한다. 기업에서는 우연한 사건에, 즉, 상관관계만으로 인과관계를 주장하는 오류에 빠지는 경우가 많다.

이를테면 아동 데이터 분석 결과 아이들의 신발의 치수와 문장의 이해력이 높은 상관관계가 있는 것으로 분석됐다고 발이 크면 문장 해독력이 높아진다고 결론 내리는 것은 우스운 일이다. 이때는 '교란요인'이라고 불리는 제3의 변수, 나이를 찾아야 한다. 나이를 먹을수록 발이 커지는 것이다. 독일에서 황새의 개체수 감소와 독일의 출산율 감소가 상관관계를 가진다고 해서 황새가 아이를 물어다 준다는 전설에 입각해 저출산을 황새가 줄어든 탓으로 돌리는 식의 어리석음도 경계할 일이다.

인과관계가 불분명한 주장들은 많다. 대표적인 것이 직원이 행복하면 기업의 성과가 좋다는 주장이다. 기업의 성과가 좋아 승진과 보너스가 많아져 직원이 행복한 것인지 선후 인과관계가 불명확하다. 탄산음료를 많이 마시는 청소년들은 범죄를 저지를 가능성이 높다든가 컴퓨터게임을 하면 폭력적인 범죄를 저지를 가능성이 높다는 등 인과관계가 명확하지 않은 주장이 많다. 탄산음료에 노출된 아이들이 범죄율이 높다고 콜라를 마시면 아이들이 범죄의 유혹에 빠지기 쉬운 성격으로 변하는 것인지, 빈곤가정에서 부모의 관심으로부터 방치된 아이들이 콜라에 노출될 확률이 높은 것인지 생각해 봐야 한다.

**수영선수
몸매의 환상**

인과관계가 뒤바뀐 판단의 오류로 지역별 소방관 수와 화재발생 건수를 분석해 보니 소방관 수가 많은 지역이 화재도 많이 발생하는 것으로 나타난다고 해서 화재발생률을 낮추기 위해 소방관 수를 줄여야 한다고 주장하는 예를 들수 있다. 병원에 오래 입원할수록 병세가 악화된다는 결과가 나왔다고 해서 입원을 안 해야 오래 사는 것이 아니다. 위중한 사람이 병원생활을 오래 하는 것이다. 중환자실에 들어가면 사망할 확률이 높은 것이 아니라 사망률이 높은 환자가 중환자실로 간다. 자가용 비행기를 사면 갑부가 되는 것이 아니라 갑부가 자가용 비행기를 산다.

컴퓨터게임을 안 하면 범죄를 안 저지른다든지, 컴퓨터게임에 중독되고 나서야 범죄를 저지르기 시작한다든지, 범죄를 안 저지른 사람은 컴퓨터게임을 안 한다든지에 대한 종합적인 검토가 이루어지지 않은 상태에서 나온 컴퓨터게임의 범죄유발론은 섣부른 것이다.

롤프 도벨리는 저서에서 그릇된 인과관계의 예로 '수영선수 몸매의 환상'Swimmer's Body Illusion을 소개했다. 세계적인 수영선수들이 멋진 몸매를 가진 것을 보고 열심히 수영을 했지만 그들과 같은 몸매가 되지 않더라는 것이다. 별로인 몸매를 가진 사람이 수영을 좋아하면 몸매가 멋져지는 것이 아니라 수영에 이상적인 체격조건을 갖춘 사람이 메달리스트 반열에 오를 수 있다는 깨달음이다.

오늘의 부와 행복과 승진이
내가 착하게 살아서 된 것은 아니다

사람들은 분리된 사건을 인과관계로 애써 엮어 설명하려는 오류를 범하곤 한다. 무엇인가 이유를 설명하지 않으면 무지하고 무능하다고 간주될 것이라고 두려워하기 때문이다. 이야기편향에 편승해 무언가 근사하고 논리적이며 교훈적인 스토리를 창작하고 싶은 욕망이 넘친다.

세상의 모든 일이 인과관계로 엮이는 것은 아니다. 그의 성공에는 남을 위한 희생과 착한 마음이 있었다는 것은 이야기의 좋은 소재이지만, 바보같이 남에게 희생한다고 성공이 보장되는 것은 아니다.

착하게 살면 나중에 성공하는 것은 아니다. 반대로 악한 사람만 성공하는 것이 아니듯이. 평소 운동을 안 했다고 치명적인 병에 걸리는 것은 아니다. 운동을 하다가 다치거나 죽는 사람도 있다. 암에 걸렸다고 원인이 자신의 잘못에 있다고 자책하는 것은 도움이 안 된다. 오늘의 부와 행복과 승진이 내가 착하게 살아서 된 것만은 아니다.

화장품 때문에 모델이 예뻐진 것일까
예뻐서 화장품 광고모델이 된 것일까

큰 성공을 한 사람 가운데 하버드 출신이 많다. 하버드가 학생들을 잘 가르쳐서 졸업생이 훌륭하게 성공한 것일까, 아니면 큰 성공을 거둘 만한 훌륭한 자원들이 하버드에 가는 것일까?

MBA 학위를 받고 나면 연봉이 높아진다. MBA 졸업을 위해 공부하면 더 많은 연봉을 받게 되는 것일까, 아니면 연봉에 민감한 사람들이 여러 가지 노력 가운데 하나로 MBA를 하는 것일까?

우리나라에선 화장품 광고는 당대 최고로 예쁜 여배우가 모델이 된다. 부인들은 종종 광고 하는 화장품 때문에 그 배우가 예뻐진 것이 아니라, 예뻐서 화장품 광고모델이 된 것임을 간과하고 마치 그 화장품을 사용하면 모델처럼 예뻐지리라고 착각한다. 그 덕에 화장품 모델은 거액의 CF 수입을 거둔다. 단언컨대, 다시 태어나지 않는 한 화장품으로 얼굴을 바꿀 수는 없어 보인다.

사실 속에
숨은 진실

교도소에 흑인이 많다는 이유로 흑인의 범죄율이 높다는 나름 과학적인 결론을 내기 쉽다. 높은 흑인 범죄율로 흑인이 유전적·태생적으로 범죄 DNA를 타고난 것으로 오해한다. 그러나 현명한 사람이라면 여기에 빈곤과 차별에 의한 교육 기회의 박탈 등 사회구조적인 모순 같은 교란 요인이 없는지 살펴봐야 한다.

부유한 가정에서 자라 충분히 교육받은 흑인도 과연 범죄율이 높은지, 빈곤과 차별에 빠진 교육받지 못한 백인은 흑인만큼 범죄를 안 저지르는지 등을 살펴봐야 한다. 그 여부에 따라 흑인을 추방하거나 흑인에 대한 범죄예방 교육을 강화하는 정책이 효과적인지, 아니면 흑인에게도 공평하게 일자리가 돌아가게 한다든지, 교육기회를 평등하게 보장한다든지 등의 정책이 바람직한 지 결정할 수 있다.

아전인수식
해석의 유혹

회귀분석과 관련해 기업 내에서 흔히 저지르는 실수가 있다. 단순한 상관관계를 인과관계로 설명하는 오류다. 예를 들면 A라는 교육과정을 수료한 사람이 일정기간 후, 교육을 받기 전보다 좋은 퍼포먼스를 내는 것으로 조사되는 경우, 담당부서에서는 이를 교육에 따른 인과관계로 보고 싶어 한다.

하지만 이를 증명하기 위해서는 A라는 교육과정의 대상이 되는 동일한 자격 군 가운데 수료하지 않은 사람으로 통제집단Control Group을 만들어 그들의 성과와 얼마나 차이가 나는지를 비교해야 한다.

성과를 과시하기 위해 통제집단과 비교 분석하지 않음으로써 교육과정을 이수하지 않아도 저절로 성과가 높아지는 효과 시간이 지나가면서 스킬과 경험이 상승를 숨기거나 통제집단을 공정하게 설정하지 않고 그들과 비교함으로써 성과를 과장되게 부풀리는 경우가 있다. 조직의 부장들은 자기에게 유리한 결과가 나올 경우 이를 잘 따져보지 않으려는 유혹을 느낀다.

현저성편향

Salience Bias

'하나를 보면 열을 안다'는 생각을 버리고
보이지 않는 나머지 9개의 가능성을 탐구하라.

어떤 특징이 눈에 띈다는 이유로 원래 그것이 갖고 있는 의미보다 큰
의미를 부여하고 나아가 행위의 원인으로 여기게 되는 오류다. 현저
성이란 눈에 띄는 특징이나 두드러진 속성을 의미한다. 눈에 띄는 정
보들은 사람들의 사고에 과도하게 영향을 미치는 반면, 숨겨진 채 눈
에 잘 띄지 않거나 소리 없이 천천히 전개되는 원인들은 과소평가하
는 오류에 빠지기 쉽다.

여성 CEO와
음주운전

대니얼 카너먼, 아모스 트버스키는 주식시장에서 투자가들은 CEO의 교체 등의 뉴스에는 강하게 반응하고, 수년간 진행되는 누적적자 등 눈에 덜 띄는 뉴스에는 덜 반응하는 사실을 알아냈다.

외국인의 범죄는 뉴스거리가 된다는 이유로 언론에서 크게 다뤄지고, 그 결과 사람들은 내국인의 범죄율보다 훨씬 낮음에도 더욱 심각한 것으로 생각한다.

어느 기업에 여성 CEO가 탄생하는 경우, 그녀가 CEO가 된 이유를 여성이기 때문이라고 생각한다. 자동차사고가 일어났는데 차량 내부에서 술병이 발견되면 우리는 사고의 원인이 도로 상태나 상대방 운전의 과실여부 등은 면밀하게 검토하지 않은 채 운전자의 음주로 단정하는 성급함을 범하기 쉽다.

한 가지 이유의 함정
안나카레니나법칙

톨스토이의 소설 〈안나 카레니나〉의 첫 구절은 다음과

같다.

"행복한 가정은 모두 엇비슷하고, 불행한 가정은 불행한 이유가 제각기 다르다."

잘되는 집안은 화목하고 넉넉하고 걱정이 없는 등 모두 엇비슷하지만, 안 되는 집안은 돈도 없고, 탈도 많아 천차만별의 이유를 가지고 있다는 뜻이다. 어떤 일이 일어나는 데는 한 가지 이유만이 아니라 수많은 이유가 있다는 뜻도 된다.

진화생물학자인 재러드 다이아몬드는 《총, 균, 쇠》에서 톨스토이의 이 문장에서 영감을 얻어 '안나카레니나법칙'이라는 용어를 탄생시켰다. 그는 각 대륙의 환경이 인류의 발전에 미치는 역학관계를 연구하면서 문명 발전의 차이를 가축화의 정도에서 찾았는데, 가축이 될 수 있는 포유류의 종을 가리켜 "가축화할 수 있는 동물은 모두 엇비슷하고, 가축화할 수 없는 동물은 가축화할 수 없는 이유가 제각각이다"라고 했다. 즉, 어떤 동물이 가축으로 키울 만한 충분한 조건을 갖추고 있음에도 한 가지 요소라도 어긋나면 가축화되지 못한다는 것이 재러드 다이아몬드가 규정한 안나카레니나법칙이다.

어떤 동물이 가축이 되기 위해서는 여러 조건이 동시에 충족돼야 하는데 사람과의 먹거리 전쟁을 벌일 정도로 식성이 너무 좋거나 특정 먹이만 고수해서는 가축이 될 수 없고, 성장 속도가 느려서는 안 되며, 감금한 상태에서도 번식 능력이 뛰어나야 하며, 성격이 포악해서 사람에게 폐를 입혀서도 안 되지만, 가젤처럼 소심하고 민감한 성격으로 사람과 어울리는 데 문제가 있어서는 안 되며, 같은 동물끼리 싸우지 않고 무리지어 사는 사회성이 없으면 안 된다.

이 여섯 가지 특성 가운데 한 가지라도 문제가 있다면 가축이 될 수 없다고 주장했다. 재러드 다이아몬드는 이 정의를 좀 더 진화시킨다.

"흔히 성공의 이유를 한 가지 요소에서 찾으려 하지만 실제 어떤 일에서 성공을 거두려면 수많은 실패 원인을 피할수 있어야 한다."

이것이 '안나카레니나법칙'이다. 이는 단백질, 탄수화물, 지방 등 우리 몸에 필요한 여러 가지 영양소 가운데 다른 것이 아무리 풍부해도 꼭 필요한 비타민이라든가 또는 몸에 필요한 아주 미량의 영양소가 충족되지 못하면 몸 전체의 영양의 균형을 잃는다는 리비히의 '최소율의 법칙'과도 일맥상통한다.

결과편향

Outcome Bias

이 세상에 통용되는 능력주의는

개개인에 재능이 있는지 없는지로 판단하지 않는다.

하루에 백 개를 생산하는 사람은

열 개밖에 못 만들어내는 사람보다는 열배 높이 평가된다.

그러나 신은 다르다.

몸이 부자유스런 사람이 큰 결심을 하고 만들어낸 한 개는

몸이 성한 사람이 게으름을 피우면서 마지못해 만든 백 개보다

훌륭한 것이라고 판단한다.

_소노 아야코

사람들은 결과가 좋으면 과정의 좋고 나쁨은 생각하지 않고 반드시 좋은 결과로 이어질 만한 충분한 이유가 있다고 생각하는 오류에 빠지기 쉽다.

인과관계가
뒤바뀌는 경우

100마리 원숭이로 하여금 주식투자 종목을 선정하게 한다. 1년 후 절반은 수익을 내고 절반은 손실을 본다. 이런 방식으로 7년이 지나면 7년 연속 수익을 낸 원숭이 한 마리가 탄생하게 된다.

언론은 이 원숭이를 심층 취재하고 탁월한 원숭이가 될 수 있었던 스토리를 만든다. 엄마원숭이의 태몽이나 태교 방식, 식습관, 특이한 버릇…. 이 모든 것은 원숭이가 성공할 수밖에 없었던 이유가 된다. 사람들은 과정을 가지고 결과를 평가하는 것이 아니라 결과를 보고 그 과정을 창작하고 미화한다.

흔히 대한민국 축구의 국가대표팀 감독 자리를 '독이 든 성배'로 표현한다. 성과가 좋은 경우 사람들은 감독으로서의 지략은 물론이요, 그 사람의 따뜻한 리더십이나 각종 신변잡기에서 미담을 발굴해 칭찬한다.

그러나 성적이 나쁘면 그 모든 것이 성적이 나쁜 이유가 된다. 감독이 부드러운 리더십을 가진 경우 팀이 승리하면 자율축구의 승리이고, 패배하면 우유부단과 무능의 결과가 된다.

한 회사의 같은 CEO라도 실적이 좋은 해는 "단호하고 강력한 추진력을 지녔다. 그래서 성공할 수밖에 없었다"고 말하다 성과가 나빠지면 "완고하고 고집스럽다. 그래서 실패할 수밖에 없었다"고 말한다. 인과관계가 뒤바뀌는 경우도 있다. 기업의 성과가 안 좋아지면서 CEO가 고집스러워 보이는데도 CEO가 고집스러워 기업이 쇠태한다"고 말한다.

성공한 기업들은
다 어디로 갔을까?

톰 피터스의 베스트셀러《성공하는 기업들의 8가지 습관》은 누구나 한 번쯤 읽어본 책이다. 그러나 초우량기업의 사례로 언급된 기업들 가운데 지금도 살아있는 기업은 몇 개 되지 않는다. 좋은 경영자가 좋은 성과를 냈다기보다 사실은 더 운이 좋거나 덜 운이 좋은 기업의 비교나 다름없다.

시가총액 1위 구글의 자유로운 조직문화를 초일류기업의 배경으로 지목한다. 하지만 자유로운 기업문화를 가진 기업은 다 구글처럼 성장하는가? 자유롭지 않은 기업은 구글처럼 성공한 경우가 없는가? 구글처럼 자유로운 문화를 가진 기업임에도 망한 사례는 없는지 우리는 깊이 생각하지 않는다.

　결과편향은 이미 일어난 일에 대해 생각하는 잘못된 방법으로 사후확신편향과 성격이 같다. 대니얼 카너먼은 사후확신편향은 과정의 건전성이 아니라 결과의 좋고 나쁨에 따라 결정의 질을 평가하도록 유도하기 때문에 의사 결정자들의 평가에 악영향을 끼친다며 다음과 같이 말한다. "위험하지 않은 수술이었지만 예상치 못한 사고로 환자가 죽는 경우를 생각해보자. 이 사건을 접한 판사는 이렇게 말할 확률이 크다. '사실은 위험한 수술이었으며 의사는 그 수술을 좀 더 신중하게 검토했어야 했다.' 이처럼 예전에 내린 결정을 과정이 아닌 최종 결과로 판단하려는 '결과편향 outcome bias'은 결정 당시에는 합리적이었던 믿음들을 따져보며 적절히 평가하는 일을 불가능하게 만든다. 사후 확신은 의사, 금융가, 3루코치, 최고경영자, 사회복지사, 외교관, 정치인처럼 타인을 대신해 의사결정을 하는 사람들에게 특히 불리한 결과를 낳는다. 결과가 나쁘게 나오면 아무리 좋은 결정을 내렸다 해도 비난받고, 이후로는 분명 성공적이었던 결정들마저 신뢰받지 못한다."

승자의 역사

어떤 결과만을 근거로 의사결정을 내리지 말라. 결과가 나쁘다고 해서 무조건 의사결정이 잘못된 것이라고 생각해서는 안 된다. 반대의 경우도 마찬가지다. 어떤 결정이 결과적으로 성공적이었다면 그렇게 결정한 것을 자랑스러워하는 대신에 왜 그렇게 결정했었는지 그 과정을 되짚어 봄으로써 다음의 유사한 의사결정에 참고하는 것이 바람직하다.

기업의 성공과 실패담은 무언가 인과관계를 설명하고 그 이야기에서 교훈을 도출해야 할 것 같은 의무감에서 나온다. 세상은 운칠기삼인데 공식적인 자리에서는 말 못하는 것이다.

어쨌든 세상은 그렇다. 동서고금을 막론하고 모든 역사는 냉혹하리만큼 승자의 역사다. 승자는 승자의 입장에서 역사를 기술할 권리가 주어진다. 한때 유럽까지 진출했던 칭기즈칸의 민족은 잔혹하다 말하고, 인디언 원주민을 도살하며 땅덩어리를 넓혔던 미국인들은 개척정신이 뛰어났다고 말한다. 해석은 현재 국가 위상의 차이다.

당신의 승진은
당신의 능력만이 아니다

　개인이나 국가나 억울하면 일단 잘살고 성공해야 한다. 그래야 할 말이 있다. 하지만 당신이 승자라면 한번 생각해 주길 바란다. 운칠기삼으로 얻은 당신의 성공을 화려한 미담으로 윤칠하고 있지는 않은지. 반대로 당신이 패자라고 생각된다면 당신이 생각하는 것만큼 꿀릴 일이 아니다. 기운내시라.

　당신의 부장 승진은 아직 부장으로 승진 못한 동기들보다 열심히 노력해 얻은 성과임에 틀림없다고 생각할 것이다. 그러나 그보다는 상당한 운이 따랐다고 생각하는 편이 옳다. 그래야 다음 당신이 임원 승진에 누락되더라도 마음을 추스르기 쉬울 것이다.

과신효과

어느 날

"따님을 주시면 손에 물 한 방울 안 묻힐 자신이 있다"며

결혼을 조르는 놈이 찾아올지 모른다.

애교로 봐줄 만 하지만 믿지는 않을 것이다.

나도 결혼할 때는 그렇게 말했으니까.

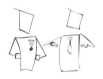

판단 과정에서 한 사람의 주관적인 자신감이 객관적인 사실보다 훨씬 더 크게 발휘되는 오류를 말하며 자신의 성과를 실제보다 과대하게 평가하고, 타인에 비해 우수하다고 생각하며 자신의 믿음에 대한 정확성을 과신하는 현상으로 나타난다.

빌 게이츠의
흑역사

증권회사에서 매년 초 전망하는 1년 후 주가에 대한 예측을 1년이 지난 후 비교해 보면서 매번 느낀다. 우리는 시스템적으로 자신의 지식과 예측하는 능력을 과신하는 경향이 있다. 전문가들은 비전문가보다 심하게 과신효과에 빠지는 경향이 있고, 최근에 성공을 경험한 사람일수록 과신효과에 빠져 미래 예측을 잘못하는 경향이 있다.

1970년대 기업용 컴퓨터에서 확고한 지위를 누렸던 디지털 이큅먼트DEC·Digital Equipment Corporation의 CEO인 켄 올슨Ken Olsen은 탁월한 성능의 상업용 컴퓨터의 보급으로 개인용 컴퓨터 시장은 경쟁력을 상실해 없어질 것이라고 미래 컴퓨터시장을 오판했다.

1992년 회사 전략회의에서 임원진은 서로 다른 세 가지 전략을 내놓았다. 한쪽은 컴퓨터 시스템에 집중을, 다른 쪽은 서비스를 강화하자고 했다. 다른 쪽은 반도체 개발에 집중하자고 했다.

CEO였던 켄 올슨은 이중 하나를 선택하는 결단을 내리는 대신 세 가지 의견의 절충안을 요구했다. 그 결과 'DEC는 고품질 제품과 서비스를 제공하고 정보처리 분야 리더가 된다'는 혼합된 전략이 나왔다. 그 결과 회사의 힘을 한 방향으로 모으는 데 실패할 수밖에 없었고 회사는 점점 기울어 1998년 컴팩에 인수된다.

　마이크로소프트의 빌 게이츠 역시 미래 예측에 대한 흑역사를 가지고 있다. 도스MS DOS로 1980년대 대박을 쳤던 빌 케이츠는 향후 20년간 PC에서 램 메모리사이즈가 절대 640kb를 넘지 않을 것이라 보았다. 도스가 20년간 유지되리라는 희망사항이었다. 이런 잘못된 시장 예측은 미국이 반도체사업에 적극적으로 뛰어드는 데 주저한 요인이 되기도 했다. 자신의 성공에 취한 자만심이 잘못된 미래 예측을 부른 사례다.

예지의 환상

　버클리대 교수 필립 테틀럭은 284명의 전문가가 쏟아낸 8만2,361건의 예측을 10년이 지난 후 검증해 보았다. 그 결과 대단한 전문가의 예측도 아무렇게나 즉흥적으로 숫자를 댔던 일반인과 마찬가지로 거의 맞는 것이 없다는 사실이 밝혀졌다. 경제학자 존 케네스 갤브레이스는 "미래를 예측하는 사람들은 두 종류다. 아무것도 모르는 사람들과 자신이 아무것도 모른다는 사실을 모르는 사람이다"라고 말했다.

증권회사나 이코노미스트의 시장 전망이 맞으면 이목을 끌지만 틀려도 아무런 페널티가 없다. 그들이 제시하는 유망 종목이 모두 맞았다면 아마도 그들은 더 이상 이코노미스트로의 직장생활이 필요없을 수도 있다.

노를 얼마나 잘 젓느냐
어떤 보트에 올라타느냐

큰 성공을 거둔 창업자가 그 성공이 오로지 창업자의 능력에 기인했던 것이라면 그가 두 번째, 세 번째 창업을 하더라도 성공해야 할 것이다. 그러나 그런 경우는 찾아보기 드물다.

대니얼 카너먼은 "경영에서 성공한 대가들은 그저 조금 나은 사람들에 불과하다"고 말했다. 그는 어느 금융회사 투자상담사들의 8년간 실적을 분석해 보았더니 회사의 연간 투자 성과와 상담사들의 연간 성과 순위의 상관관계가 제로임을 알게 된 것이다. 그럼에도 회사는 투자 성과는 직원의 스킬과 실력에 따른 것이라고 믿고 인센티브를 지급하고 있음을 발견하고 "회사는 실적에 따라 보상을 한 것이 아니라 운에 보상을 한 것"이라고 말했다. 그러면서 변호사나 기술자 등은 개인의 실력에 따라 그 성과가 크게 좌우되지만 적어도 금융산업 종사자에 있어서는 우연이 더 큰 요인이라고 말했다.

워런 버핏도 "CEO로서 당신이 거두는 성과는 보트의 노를 얼마나 잘 젓느냐보다는 어떤 보트에 올라타느냐에 더 좌우된다"고 말했다. 물론 능력이 불필요한 것이라고 주장하는 것은 아니며 능력 향상을 위해 노력할 필요가 없다는 것도 아니다.

하지만 성공이 오로지 본인의 능력에 의한 것이라면, 능력이 있지만 사고를 당했거나 병에 걸렸다거나, 가족 중 큰 병에 걸린 누군가를 케어하느라 능력을 발휘할 기회를 잃은 사람은 어찌되는가.

사위라는 놈들의
새빨간 거짓말

능력 있는, 그리고 노력하는 사람이 국가나 조직의 삶을 향상시키는 것에는 이론의 여지가 없을 것이다. 그렇다고 개인의 성공이 오로지 능력에 따른 결과라고 생각하는 것은 무리가 있다. 그러니 자신의 능력을 너무 과신하거나 과대평가하지 말자.

어려운 말기암 수술에 자신감을 보이는 의사, 그리고 의사로서 최선을 다할 뿐 수술의 성공 여부는 다양한 요인 때문에 확신할 수 없다고 말하는 의사. 당신은 누구에게 수술을 받고 싶은가?

같은 투자상품에 대해 높은 수익률을 확신하는 투자상담사와 모든 투자상품에는 원금손실의 위험이 따른다고 신중하게 말하는 상담사. 당신은 누구를 더 신뢰하겠는가? 정답은 없고 선택은 개인의 취향이겠지만 나로서는 후자다.

나는 딸이 하나 있다. 어느 날 "따님을 주시면 손에 물 한 방울 안 묻힐 자신이 있다"며 결혼을 조르는 놈이 찾아올지 모른다. 애교로 봐줄 만 하지만 믿지는 않을 것이다. 나도 결혼할 때는 그렇게 말했으니까.

생존편향

Survivorship Bias

망한 치킨집 자리에

또 다른 치킨집이 들어오는 이유는 무엇일까?

자신이 성공할 개연성을 일반적인 확률보다 과대하게 평가하는 경향이다.

컴퓨터 스킬
그리고 리더십 평가

운전자의 90퍼센트는 평균 이상으로 운전을 잘한다고 생각하는 '착각적 우월성'Illusionary superiority을 가지고 있다. 사람들은 어렵다고 생각하는 분야에 대해서는 일반적으로 자기 능력을 평균 이하라고 간주하는 성향이 있으나 자신이 어느 정도 잘한다고 생각하는 부문에서는 타인과 비교해 자기능력을 매우 낙관적으로 본다. 내가 어느 정도 잘하는 것은 남들도 그 이상 잘할 것이라 생각하지 않는 것이다.

50대 부장에게 "당신은 컴퓨터 스킬이 평균 이상입니까?"라는 질문에는 같은 연령대의 사람들이 대부분 스마트기기에 익숙하지 않기 때문에 전체 평균이 낮아 자신이 평균 이상을 할 가능성이 높음에도 자신의 능력을 평균 이하라고 답할 가능성이 높다.

하지만 "당신의 리더십은 평균 이상입니까?"라는 질문에는 자신이 평균 이상은 충분히 될 거라고 낙관적으로 생각하기 쉽다. 심지어 대통령을 시켜줘도 충분히 잘 할 것 같다고 생각한다.

나는 쉽게
성공하리라는 환상

대중의 인기를 독차지하는 가수 한 명 뒤에는 노래는 잘하지만 큰 인기를 누리지 못하는 가수 100명과 노래는 잘하지만 이름을 얻지 못한 무명가수 1,000명, 그리고 노래를 잘하는 가수지망생 1만 명이 있다.

베스트셀러 작가 한 명 뒤에는 수많은 무명작가와 출판 기회조차 얻지 못하고 글을 쓰는 수많은 사람이 있다. 팬으로부터 환호를 받는 아이돌 뒤에는 데뷔 후에도 존재감 없는 수많은 아이돌과 연습생생활만 하다 데뷔를 포기한 수많은 청소년이 있다.

손흥민이나 박지성 뒤에는 한때 축구신동으로 스타를 꿈꾸었다 꿈을 접은 수많은 선수가 있다. 그럼에도 사람들은 내가 어려서부터 축구를 계속 열심히 했더라면 국가대표쯤은 했을 거라고 믿는다. 나는 성공한 1퍼센트, 아니 0.01퍼센트 속에 포함될 거라고 생각한다.

망한 치킨집 자리에
또 치킨집이 생기는 이유

  그런데 우리는 성공한 사람들에게서 성공요인을 찾아내고 그 스토리에 열광한다. 그 결과 성공을 향한 많은 노력과 인내가 결국에는 성공의 길로 인도한다고 생각한다. 하지만 그보다 많은 노력과 재능을 가진 사람도 실패한 사람 속에 포함돼 있을 가능성은 생각하지 못한다.

  역사는 승자의 것이기 때문이다. 성공한 사람들은 책이나 언론이나 SNS에서 많이 소개되기 때문에 주위에는 제법 성공한 사람이 많다고 오해하고, 나도 그들처럼 성공요인을 찾으면 충분히 성공하리라고 쉽게 생각한다.

  우리 동네 상가 건물에는 1년을 버티지 못하는데도 계속 식당이 들어오는 자리가 있다. 근처 치킨집이 문을 닫고 얼마 후 치킨집이 또 생긴다. 대형마트에 버티지 못하고 결국 손을 들고 나간 마트 자리에 새로운 슈퍼가 들어온다.

  아무리 상권이 안 좋다고 해도 내가 만든 음식은 깨끗하고 맛있기 때문에 통할 것이라는 생각, 내가 가게를 내면 망해서 나간 사람들과는 다를 것이라는 생각을 갖기 때문이다. TV에 소개된 '대박집'과 비교해 보고 자신감을 얻는다. 자신보다 뛰어났음에도 사업을 시작했다 '쪽박'을 찬

눈에 보이지 않는 수많은 사례와 자신의 능력을 비교해 보지 못한다.

로또 1등의
당첨 비법

역사는 승자의 기록이다. 죽은 자는 말이 없다. 그래서 들을 수 없다. 실패자의 경험담은 듣고 싶지 않기 때문에 그들의 이야기는 누구에게도 주목받지 못한다. 주식투자, 비트코인이나 리스크가 높은 투기에서도 예외가 아니다. 주위에 벌었다는 사람은 있어도 잃었다는 사람은 없다. 성공한 몇몇 사례를 보고 다들 뛰어들지만 그보다 몇 배는 많은 실패자의 말은 듣지 않고 투기 광풍에 휩싸인 결과 많은 사람이 실패자 대열에 동참한다.

이러한 잘못된 사고방식은 우리 일상에 만연해 있다. 오디션 프로그램의 합격이라는 결과는 그간 겪었던 모든 과정에 의미를 부여하고 성공을 필연적인 것으로 정당화해버린다. 떨어진 사람 중에도 합격자 못지않게 하루도 쉬지 않고 노력한 사람도 있지만 분석 대상에 포함되지 않아 통계에 오류가 생겨버린 것이다. 성공한 사업가의 경험담 역시 마찬가지다. 그들의 노력과 열정을 폄하할 마음은 없다. 다만 같은 방법으로 노력해도 모두 성공하지는 못한다. 극단적으로 로또 1등 당첨자에게 당첨의 비법을 묻는 것과 별반 차이 없는 셈이다.

빌 게이츠가 자기 집 차고에서 창업했다고 차고에서 사업을 시작한 스타트업이 다 성공하는 것은 아니다. 차고에서 사업을 시작해야 성공하는 것은 더욱 아니다. 그보다는 아버지의 유산으로 근사한 사무실을 차리면서 시작한 많은 성공한 회사가 있음을 알아야 한다.

그렇다면 우린
어떻게 생각해야 할까

좁은 시각에서 성공비결을 찾지 말고 전체를 봐야 한다. 미처 생각하지 못하거나 눈에 보이지 않는 영역은 없는지 살펴보아야 한다. 만장일치 의견에 반하는 사례와 정보는 없는지 떠올리는 생각의 습관이 필요하다. 우리가 성공했다 하더라도 우리에게 따랐을 운을 생각하며 능력과 노력에 자만하지 말고 항상 겸손해야 한다.

생존편향은 성공을 위해선 필수적인 것일지도 모른다. 아이돌을 꿈꾸지 않고서는 아이돌로 성공할 확률은 제로다. 로또복권에 당첨되고 싶다는 꿈은 복권을 사지 않고서는 이룰 수 없다.

복권을 사는 사람이 다 당첨되는 것이 아니듯, 노래와 춤을 좋아하는 사람이 다 아이돌이 되는 것은 아니다. 강한 생존편향이 성공의 필수요인이 될 수 있지만 성공을 보장하는 충분조건은 아니다. 더구나 생존편향이 강할 때 우리는 성공에 영향을 미치는 다양한 요소를 간과할 확률이 높음을 경계해야 한다.

내가 쓰고 있는 이 글이 혹 출판계에 돌풍을 일으키는 베스트셀러가 되지 않을까? 나는 오랜 기간 임대가 안 돼 비어 있던 상가건물에 생긴 지 1년도 안 된 손님 드문 카페에서 이 글을 쓰고 있다.

파킨슨의 법칙

Parkinson's Law

유능한 직원 1명은 평범한 직원 10명보다 낫다.

_잭 웰치

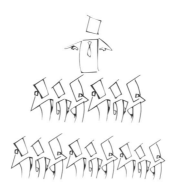

영국 출신 해군사학자 노스코트 파킨슨이 주장한 법칙으로 3개의 법칙이 있으나 그중 업무량 증가와 공무원의 수는 무관하다는 제1법칙이 대표적이다.

사람이 많아서
일이 생긴다

[제1법칙] 관리자 수는 해야 할 일의 경중이나 유무에 구애 없이 일정한 비율로 증가한다.

[제2법칙] 가계나 재정에서 돈은 들어온 만큼 나간다.

[제3법칙] 확대는 복잡화를 뜻하고, 복잡화는 노후의 조짐이다.

'파킨슨의 법칙'Parkinson's Law은 공무원 수는 무조건 늘어난다는 영국 해군사학자 노스코트 파킨슨1909~1993이 주장했다.

파킨슨은 영국 식민성 직원으로 일할 당시 통치할 식민지가 줄어들어 업무량이 감소했는데도 오히려 직원 수가 는 것에 의문을 품었다. 1935년 영국 식민성 행정직원은 372명이었는데 1954년에는 1,661명으로 무려 5배나 늘어났다.

식민성뿐 아니라 해군본부도 마찬가지였다. 1914년 영국 해군본부 관리는 2,000명이었는데 1928년에는 3,569명으로 늘어났다. 1914년에 비해 주력 함정 수는 67.64퍼센트 감소했고, 장교와 사병 역시 31.5퍼센트 감소했는데, 관리자의 수는 78.45퍼센트가 늘어난 것이다. 이 연구를 바탕으로 직원이 어떤 식으로 증가하는지 이를 설명해주는 공식을 만들어냄으로써 파킨슨은 공무원의 증가를 지배하는 어떤 법칙이 존재함을 증명했다.

■ 관료는 경쟁자보다 부하를 늘리려 한다.
■ 관리는 서로에게 일거리를 만들어준다.

사람들은 공무원이 늘어나는 만큼 그들의 업무량도 당연히 늘어난다고 생각한다. 혹자는 공무원이 늘면 그중 반드시 빈둥거리는 사람이 생기거나 근무시간이 줄 것이라 주장한다. 양측의 믿음과 의심은 모두 잘못된 전제에서 비롯된 것이다.

파킨슨은 "실제로 공무원 수와 업무량은 아무 관련이 없다"고 주장했다. 일이 많아서 사람이 더 필요한 것이 아니라 사람이 많아서 일이 생긴다. 일은 사람들이 그것을 처리하는 데 쓰는 시간만큼 늘게 마련이다.

쓸 시간이 길어질수록
일은 늘어나게 마련

격무에 시달리던 A가 업무량을 줄이기 위해 B, C 두 사람을 부하직원으로 뽑았다. 그런데 일정 시간이 지나자 B, C가 일이 힘들다고 하소연한다. 그래서 B와 C도 각자 D, F와 E, F를 부하직원으로 뽑았다. 대부분의 조직은 이런 식으로 직원이 는다.

과연 부하직원이 6명으로 늘어난 지금, A의 업무는 혼자서 일하던 때 비해 줄어들었을까? 예전에는 자신의 시간을 업무 처리에 쏟으면 그만이었다. 지금은 부하직원들의 업무를 관리하고 그들을 관리하는 데 모든 시간을 보낸다. 게다가 업무 능력이 떨어지는 부하직원들 뒤치다꺼리까지 하느라 여전히 그는 밤늦은 시간에도 사무실을 지키고 있다.

왜 이런 일이 벌어지는 것일까? 일이 너무 많아 부하직원을 뽑았으니 업무량이 줄어들어야 마땅하지 않은가? 노스코트 파킨슨은 이 질문에 이렇게 답한다.

"일이 많아져 부하직원이 필요한 게 아니라 상급 공무원으로 승진하기 위해서는 부하직원의 수를 늘릴 필요가 있기 때문에 직원이 는다."

"세상에서 가장 바쁜 사람은 시간의 여유가 있는 사람이다."

"일을 처리하는 데 쓸 수 있는 시간이 길어질수록 일은 늘어나게 마련이다."

그는 일을 처리하는 시간과 효율성의 관계를 강조했다.

"부지런한 사람이 3분이면 끝낼 일을 질질 끌면, 다른 사람들을 의문과 불안에 빠뜨려 결국 무기력하게 만들 수도 있다."

시간을 허투루 사용하거나 늘 시간이 부족하다고 불평을 늘어놓는 사람들이 되새겨야 할 훌륭한 조언이다.

사소한 것에 대한
관심의 법칙

안건 하나를 논의하는 데 소요되는 시간은 그 안건에 포함된 예산액에 반비례한다는 법칙이다. 100억 원의 예산이 소요되는 사업이 있다고 하자. 보통 직장인은 100억 원을 가져본 적이 없기 때문에 10억 원이나 100억 원이나 가치의 차이에 둔감하다. 똑같이 큰돈이다. 이러한 의사결정은 그 분야에 대해 잘 아는 사람의 의견을 믿고 따른다. 하지만 1,000만 원을 쓰는 일에 대해서는, 이 정도의 돈을 쓰는 것에 대해서는 일가견이 있는 사람이 대부분이기 때문에 이 문제에 대해선 오랜 시간 치열하게 논쟁한다.

위원회는 5명으로 구성돼야 한다. 가장 바람직한 숫자는 5명이다. 5명을 넘어가면 파벌이 생기고, 프리 라이더가 생기며, 다시 5명으로 구성된 실무위원회를 만들어 위원들이 사전미팅을 갖는다.

무능과 질시를 조직을 마비시키고 혼수상태로 모는 병균이라고 보았다. 어느 조직에서 자기 부서 일에는 별 볼일 없으면서 남의 부서 일에 간섭하고 조직의 중앙을 장악하기 위해 애쓰는 사람이 나타났다면 그 조직은 무능과 질시의 조짐이 나타났다고 보면 된다.

이 병균의 감염자가 중앙부서의 높은 지위로 승진하면 자신보다 유능한 사람을 축출하려고 애쓴다. 아울러 뛰어난 부하직원의 성공과 승진을 저지한다. 나보다 똑똑한 부하직원은 차후 자신의 경쟁자가 될 것이므로 용납하지 못한다.

그렇게 조직은 점차 어리석은 사람들로 채워진다. 삼류에 걸맞게 조직의 목표는 낮게 설정된다. 낮은 목표수준 때문에 목표를 쉽게 달성한다. 부서장들은 자기 능력을 과신하고 자만에 빠진다.

50년이 지난 지금도 '파킨슨의 법칙'은 기업에서 여전히 나타나는 현상이다.

직원이 기업에 오래 근무하다 보면 승진을 시켜줘야 하는 필요가 생기는데, 이들의 욕구를 충족시켜주는 차원에서 관리직을 중간에 만들었을지도 모른다. '위인설관', '파킨슨의 법칙'이다.

부서장의 욕심으로 인원을 확대한다. 그 인원이 다음해 사업을 크게 계획함으로써 부서의 존재이유를 증명하려고 한다. 조직 전체로 볼 때 최적 인원으로 최대 효과를 내고자 하는 생산성 측면에서 부작용이 발생한다. 전략적 선택과 집중의 실패, 조직 비대화로 이어진다.

피터의 법칙

위계조직에서 직원들은 자신의 무능력 수준에 도달할 때까지 승진하려는 경향이 있다는 '피터의 법칙'Peter's Law. 미국 교육학자 로렌스 피터Laurence J. Peter, 1919~1990가 주장한 이론이다.

"직원들이 성과를 낼 수 없는 직위까지 승진해 결국 조직은 무능한 사람들로 채워지고, 하위직 직원들은 제 살길만 찾게 된다"는 법칙을 말한다.

"무능 단계에 이른 상관들은 부하직원을 평가할 때 업무 성과보다 태도나 단정함 같은 개인 성향을 높게 평가하게 된다."

이런 경향을 '피터의 도치Peter's Inversion'라 부르기도 한다. 피터의 법칙에 귀담아 들을 만한 것이 많다는 건 분명하다. 개인적인 성향이 업무 능력보다 높이 평가되는 '피터의 도치'는 주목할 만하다. 그는 "믿을 만한 사람이다", "사무실 분위기를 부드럽게 만드는 데 한몫한다", "일처리가 꼼꼼하다", "꾸준하고 착실하다", "동료와 협조를 잘 한다" 같은 평가를 '피터의 도치'의 사례로 들면서 다음과 같이 말한다.

"능력 있는 상관은 '성과output'로 평가한다. 하지만 무능한 상관들은 조직 내 부수적인 가치를 기준으로 부하들의 등급을 매긴다. 부하들이 회사 규칙이나 관례를 잘 따르는지, 별 말썽 없이 현재의 체제를 잘 유지하는지를 두고 능력을 평가한다. 부하직원의 민첩성과 단정함, 상관을 대하는 태도, 내부 업무처리 능력 등을 가장 먼저 고려한다. 간단히 말해 '투입물input'로 평가한다."

물론 꾸준하고 착실하고 동료와 협조를 잘하는 것과 같은 투입물이 중요하지 않은 것은 아니다. 하지만 조직의 고위 간부들이 성과가 아닌 투입물에 의존해 부하직원을 평가하

거나 승진의 조건이 성과가 아닌 투입에 의존하는 조직의
경우라면 매우 걱정스런 조직이 아닐 수 없다.

우리는 왜 더 올라가려고 발버둥치는가?

피터는 '승진의 유혹'을 이겨내라고 권한다.

"보다 값진 인생을 설계할 수 있도록 당신 삶에서 가장 중요한 것은 무엇인지 인생의 우선순위를 정하라. 불필요한 일에 집착하느라 삶의 방향을 잃고 휘청거리다가는 앞으로 나아갈 수 없다"고 조언한다.

"인간은 누구나 자신의 능력 이상으로 올라가려는 경향이 있다. 우리는 무엇이든 많을수록 좋다는 식으로 행동한다. 그러나 이처럼 어리석은 행동 때문에 큰 희생을 치르는 사람들이 얼마나 많은가. … 우리는 삶의 의미를 재평가하고 자신의 지능과 기술을 인류의 보존과 인간다운 특성을 개발하는 데 사용할 것인가 아니면 자신의 창조적 능력을 거대한 죽음의 덫을 만드는 데 사용할 것인가를 결정해야 한다."

승진은 직장인으로서 열심히 일하고 능력을 발휘하게 됨으로써 얻게 되는 당연한 결과다. 또한 승진을 함으로써 더 많은 성취감을 누릴 수 있기 때문에 스스로 능력을 한계 짓고 승진을 포기하는 일은 어리석다. 하지만 승진할수록 무능해질 수 있음을 경고하는 피터의 주장을 새겨 들을 필요가 있다. 더구나 업무에 무능한 사람이 다른 이유로 승진하는 일이 없도록 해야 함은 마땅하다.

더닝크루거
효과

'더닝크루거효과'Dunning Kruger effect는 능력이 없는 사람은 잘못된 결정을 내려 잘못된 결론에 도달하지만, 능력이 부족해 자신의 실수를 알아차리지 못하게 되고, 그로 인해 헛된 우월감으로 자신의 실력을 실제보다 높게 평가하는 반면에 반대로 능력이 있는 사람은 자신의 실력을 과소평가해 헛된 열등감을 갖게 되는 현상을 의미한다.

더닝크루거효과는 코넬대 데이비드 더닝David Dunning과 저스틴 크루거Justin Kruger가 1999년 제안한 이론이다. 더닝과 크루거의 주장은 "무지는 지식보다 더 확신을 갖게 한다"고 말한 찰스 다윈의 주장과 "이 시대의 아픔 중 하나는 자신감이 있는 사람은 무지한데, 상상력과 이해력이 있는 사람은 의심하고 주저한다는 것이다"는 버트런드 러셀Bertrand Russell의 말에서 쉽게 이해할 수 있다.

영국 철학자 버트런드 러셀은 오래전 그 사실을 알고 있었던 것 같다.

"이 세상의 모든 문제는 멍청한 사람들은 자신의 능력에 확신을 갖는 반면, 똑똑한 사람들은 자신의 능력에 큰 의혹을 품는다는 것이다."

평균으로의 회귀

Regression to the Mean

추락하는 것은 날개가 있다

_이문열 장편소설

극단의 점수나 극단의 행동도 긴 흐름으로 보면 결국 평균을 향해 수
렴해가는 현상.

현대 통계학의 기초를 닦은 골턴Galton, 1822~1911은 아버지
와 아들의 키를 비교한 결과를 분석해 아들의 키가 평균키
로 회귀하는 경향이 있음을 발견했다. 유전적인 요인으로
아들이 키가 아버지의 영향을 받게 된다면 수백 년이 지나
면 세상에는 아주 키가 큰 키다리 종족과 키가 아주 작은
난쟁이족으로 양분돼야 하는데 세상은 그렇지 않다는 것
이다.

대니얼 카너먼은 이스라엘 공군에서 비행교관들을 대상
으로 교육하던 시절, 생도들에 대한 '잘한 일에 상 주기' VS
'잘못한 일에 벌주기'식 교수법에 이의를 제기했다.

카너먼은 "잘한 생도를 칭찬하면 다음 번에는 못하게 되
고, 못한 생도를 체벌하면 다음 비행에서 잘 하는 경우가
많다. 생도들에게는 처벌이 효과적일 때도 있다."는 교관들
의 주장에 "그것은 칭찬과 체벌의 결과가 아니라 평균으로
회귀하는 성향 때문"이라고 주장했다. 생도의 고난도 비행
훈련은 한 번 잘 되면 다음번에는 안 될 때도 있는, 그야말
로 분필로 바닥에 동그라미 그려놓고 하는 동전 던지기 같
은 것임을 알았던 것이다. 카너먼은 "체벌의 효과를 주장하

는 교관들이 '불행한 우연적 상황'Unfortunate Contingency의 덫에 빠져 있었다"고 주장했다.

성적이 떨어진 학생들을 체벌했더니 일부는 다음 시험에서 성적이 높아졌다. 이 학생들에게는 체벌이 효과가 있으니 다음에는 더 강한 체벌이 필요하다고 주장하는 것은, 처음 성적이 나쁘면 다음 성적이 좋아질 가능성이 높아진다는 사실을 깨닫지 못한 결과다. 반대로 성적이 떨어진 학생에게 부모가 과외선생님을 붙였더니 다음 시험에서 등수가 올라갔다고 "역시 사교육은 효과가 있다"고 주장하는 것도 같은 맥락일 수 있다.

스포츠 일러스레이티드 징크스

'스포츠 일러스레이티드 징크스'Sports Illustrated Jinx란 게 있다. 스포츠잡지 커버에 사진이 실린 뛰어난 선수는 다음 시즌에 성적이 나빠지는 징크스를 말하는데, 연속해서 최고의 성적을 거두는 선수가 될 가능성은 높지 않기에 너무도 당연한 것으로 '평균으로의 회귀' 개념을 모르는 결과다.

삼한사온을 겪어도 기온은 결국 평균기온에 수렴한다. 감기에 걸려서 참다가 결국 병원에 가서 처방을 받았더니 나았다는 것은 아마도 나을 때가 돼 병원에 갔을 가능성이 높다. 지난번 라운딩 때 골프 타수가 엉망이었는데 레슨을 받고 필드에 나갔더니 타수가 나아졌다는 것 역시 레슨의 효과가 아니라 평균 실력으로 수렴하는 현상일 수 있다.

기업에서 등수가 하위권인 부진 영업점을 대상으로 강한 압박을 가했더니 이들 가운데 상당수의 점포장이 다음 평가에서 성과가 향상됐다고 해서 부진점포를 대상으로 한 회의는 성과가 있다고 결론 내는 것 역시 평균으로의 회귀를 무시한 판단이다.

어느 백화점의 신년 사업계획이 매출 10퍼센트 증가 목표라고 하자. 10개의 지점에 공히 전년 대비 10퍼센트 목표를 단순하게, 그리고 공평하게 부여한다고 할 때 평균으로의 회귀 법칙에 따르면 사실은 지난해 잘 한 곳은 다음해 낮아질 확률이 높고 지난해 못한 곳은 더 잘할 확률이 높아 불공평한 것이 되고 만다. 그래서 평가는 어느 정도 운이다.

인생은 평균을
향해 간다

　너무 열심히 살려고 노력한 나머지 애쓴 것에 일희일비할
필요는 없다. 수많은 다이어트 시도는 결국 평상시의 몸무
게가 되듯 실패에 스스로 너무 닦달하지 말라. 성공한 자신
을 너무 칭찬하지도 말라. 성공을 칭찬하게 되면 실패했을
때도 원인을 자신에게서 심하게 찾게 된다.

　인생은 평균을 향해 간다. 복권의 기쁨도 6개월을 못 간
다. 반대로 심각한 불운도 6개월 이상 지속되지 않는다. 결
국은 자신의 평균 행복 체온에 수렴해가는 것이다.

가용성편향

Availability Bias

마라톤은 족저근막염이나 인공관절로
노후에 고생하는 사람을 많이 봐서 싫다.
자전거는 교통사고로 다친 사람이 많다.
등산은 산악회 가서 음주가무로 사고가 빈번하다.
테니스와 골프는 엘보우가 걱정이다.
결국 이불 밖은 위험하다.
나는 가용성편향자임에 틀림없다.

자신의 개인적인 경험이나 익숙하고 쉽게 떠올릴 수 있는 사례를 토
대로 특정 사건이 일어날 확률을 실제보다 과장되게 평가하는 오류.

알카에다보다
위험한 코카콜라

비행기사고로 탑승객 전원이 사망하는 뉴스를 접하면 사람들은 당분간 비행기보다 기차여행을 선호한다. 어느 나라에서 테러가 일어났다는 뉴스를 듣고는 예정된 해외여행을 취소한다. 직전에 접한 뉴스로 인해 비행기사고로 사망할 확률이나 테러로 사망할 확률을 다른 사고의 사망률보다 높게 생각하는 것이다.

선정적 언론이 대중의 관심에 편승해 특정 사건의 위험성을 과도하게 부각하면 이러한 편향에 빠질 우려가 높다. 매년 사고로 죽는 사람은 당뇨병으로 죽는 사람의 1/4에 불과하지만 사람들은 사고로 죽을 확률이 당뇨병보다 어림잡아 100배 이상 될 것이라고 판단하는 오류를 범한다.

유명한 배우가 이혼을 했다는 뉴스가 세인의 관심을 끌게 되면 연예인들은 쉽게 이혼하는 것으로 착각한다. 그 증거로 세인의 관심을 끌었던 특정 연예인의 이혼 사례를 제시한다.

테러로 인한 사망자수도 과대하게 느껴지는데 이러한 이유로 테러범들은 테러를 정규전보다 효과적이라 생각한다.

2012년 기준, 전 세계적으로 테러로 인한 사망자는 7,700 명에 달한다고 한다. 하지만 자살자는 80만, 당뇨로 인한 사망자는 150만, 비만으로 죽는 사람은 300만에 이른다. 설탕은 화약보다 위험하고, 알카에다보다 코카콜라가 위험하다.

흡연이 건강과
상관없다고?

부부를 대상으로 각자 가사노동에 기여한 정도를 물은 다음 이를 합하면, 언제나 100퍼센트를 넘는다. 자기중심적, 이기적 편향에는 배우자가 한 일은 기억 못해도 자신이 한 일은 생생하게 기억하는 데도 원인이 있다.

흡연의 위험성에 대한 주위의 경고에도 "우리 아버님은 노상 담배를 피우셨는데 90세까지 장수하셨어. 흡연은 건강과 상관없어"라고 주장하는 사람도 일종의 가용성편향에 빠져 있는 것이다.

이러한 사실을 인정하고 동의하는 합리적인 사람들도 가끔은 동일한 오류에 빠지는 경우가 많다. 이러한 무지와 어리석은 사고방식은 우리나라에서도 지역감정을 유발하고 특정 지역 출신에 대한 편견을 유발하는 데 많이 사용됐다. "특정 지역의 사람은 안 돼, 믿을 수 없어"라고 말하면서 자신이 경험했다는, 자신이 누군가로부터 들었다는 특정 지역 사람들의 비위를 증거로 제시하는 것이 얼마나 어리석은 일인지, 자신은 그러한 오류에 빠져 있지 않은지 점검해 볼 일이다.

분모무시
편향

대부분의 사람은 주로 직관적인 판단에 의존하기에 통계적 사고에는 익숙하지 않다. 그래서 분모무시편향Denominator neglect bias을 갖기 쉽다. 심리학자 시모어 앱스타인 Seymour Epstein 은 다음과 같은 정보를 학생들에게 제공하면서 빨간색 구슬을 뽑게 하는 실험을 했다.

[1] 항아리 A에는 10개의 구슬이 있고 이중 1개가 빨간색이다.
[2] 항아리 B에는 100개의 구슬이 있고 이중 8개가 빨간색이다.

놀랍게도 이 실험에서 30~40퍼센트는 승률이 높은 항아리[1]보다 빨간 구슬이 더 많은 항아리[2]를 선택해 의사결정에 있어 분모에 의한 확률의 계산보다 분자의 크기에 더욱 영향을 받는 현상을 보였다. 같은 사례로, 치명적 질병을 예방하는 백신 신약을 접종한 어린이가 부작용으로 사망할 확률이 0.001퍼센트라고 설명하는 것과, 백신을 접종한 아이 100만 명 가운데 10명이 목숨을 잃게 된다와는 받아들이는 느낌이 다르다. 백신으로 목숨을 건진 99만 9,990명의 얼굴은 떠오르지 않는 것이다.

논리에의 어리석음

우리는 종종 확률과 통계, 논리에 대해 고려하지 않고 사실과 사람에 대한 판단을 자신의 직관적인 느낌에 의존하는 경우가 많다.

아내를 죽인 혐의를 받고 있는 A라는 살인용의자가 있다. 정황증거나 동기 등 모든 것이 살인범이 확실한데 직접적인 증거가 없다고 치자. 이때 우리는 A가 아내를 죽였다는 직접적인 증거가 없다고 말한다. 그렇다고 A가 살인을 하지 않았다는 확실한 증거가 있다고는 말하지는 않는다. A는 무죄추정의 원칙에 따라 증거불충분으로 유죄 판결이 나지 않은 것일 뿐, 증거 없음이 곧 무죄의 증거가 되지는 않는다. 나심탈레브는 〈블랙스완〉에서 다음과 같이 설명했다.

"건강검진 결과 암이 있다는 증거를 찾아내지 못했다고 몸속에 암이 없다는 증거를 찾아냈다고 말할 수는 없다."

그가 운동을 시작하지 못하는 이유

개를 무서워하는 여자 A가 있다. 사람이 개에 물렸다는 뉴스를 들으면 당분간 외출을 자제하고 맑은 날에도 자기방어를 위해 우산을 들고 나간다. 개가 사람을 물 확률을 필요 이상으로 과대평가 하는 가용성 편향에 빠져 있다고 볼 수 있다. 그렇게 개를 겁내는 A를 보고도 목줄 없이 개를 산책시키는 사람 B가 말한다.

"우리 개는 순해서 안 물어요."

B 역시 자신의 귀여운 개가 평소 주인을 안 문다고 해서 다른 사람도 물지 않을 것이라는 가용성 편향에 빠져 있을 수 있다.

C라는 남자가 있다. 운동 좋아하는 친구가 취미생활을 같

이 하자고 제안한다. 마라톤은 족저근막염이나 인공관절로 노후에 고생하는 사람을 많이 봐서 싫다. 자전거는 교통사고로 다친 사람이 많다. 등산은 산악회 가서 음주가무로 사고가 빈번하다. 테니스와 골프는 엘보우가 걱정이다. 결국 이불 밖은 위험하다. A, B, C 모두 가용성편향자임에 틀림없다.

조직에서 부장은 "내가 해봐서 아는데…", "내가 옛날에 겪어봐서 아는데…"로 대화를 시작하며 문제의 원인과 해결 방안을 자신의 좁은 시각과 경험을 바탕으로 판단하는 경향이 있다. 젊은 직원들은 이런 사람들을 전문용어로 '꼰대'라고 부른다. 가용성편향에 빠지지 않기 위해서는 전혀 다른 경험을 가진 사람들과 교류하고 소통하는 것도 중요한 방법이다.

후광효과

Halo Effect

와인의 가치를 라벨로 결정해서는 안 된다.

와인의 가치는 혀로 맛을 보았을 때 비로소 알 수 있다.

_발타자르 그라시안

일반적으로 어떤 사물이나 사람을 평가를 할 때 일부의 긍정적 특성
에 과도하게 주목함으로써 전반에 대한 객관적인 판단을 저해하는
심리적 특성을 말한다.

천문학자의
옷차림

생텍쥐페리의 〈어린왕자〉에는 소행성 B612를 발견한 천문학자 이야기가 나온다. 1909년 국제천문학회에서 이 사실을 증명해보였으나 당시 그가 입은 우스꽝스런 옷 때문에 아무도 그의 말을 믿지 않았다. 1920년 이 천문학자는 유럽식으로 옷을 갈아입고 행성의 발견을 다시 증명해 보였다. 그러자 이번에는 모두 그의 말을 믿었다.

아름다운 여성 피의자는 배심원들로부터 유죄 판결을 받지 않을 가능성이 높다. 74명의 남성 피의자를 대상으로 한 연구에서 매력적인 피의자들의 무죄 선고율은 그렇지 않은 피의자들의 2배에 달하는 것으로 나타난 결과도 있다.

용모가 아름다운 사람은 더 다정하고 솔직하며 더 지적인 사람으로 평가하는 경향, 매력적인 사람이 더 쉽게 출세하는 경향, 교사들이 외모가 준수한 학생에게 더 후한 점수를 주는 경향 등이 바로 '후광효과'라고 할 수 있다.

알렉스 토도로프Alex Totorov는 정치인들의 선거포스터 사진을 학생들에게 보여준 후 호감과 유능함을 평가하게 했다. 상하원 의원 및 주지사 선거의 약 70퍼센트에서 당선자들은 유능함 면에서 학생들에게 높은 평가를 받았던 얼굴을 가진 후보들이었다. 기업에서 고위 경영자들이 PIPer-sonal Identity 작업에 신중을 기하며 CEO의 프로필 사진 하나에 공을 들이는 이유다. 얼굴에 지적인 면, 스마트함, 인자함, 온화함을 연출하는 것이 지적수준 향상을 위해 노력하거나 인자한 마음을 갖도록 수련하는 것보다 훨씬 쉽기 때문이다.

제4의 자본

유복한 성장환경도 후광효과를 만든다. 달리Darley와 그로스Gross의 실험에 따르면, 동일한 아이를 각각 유복한 생활환경과 열악한 환경을 배경으로 비디오를 찍어 피험자들에게 보여주었을 때 동일한 여자아이임에도 사람들은 후자의 재능을 낮게 평가했다.

후광효과는 보통 마케팅 분야에서 많이 활용된다. 예를 들어 여러 기업, 광고 업계에서는 항상 대중에게 평판이 좋은 연예인을 모델로 선호한다. 성실함, 호감 있는 성품으로 대중에 평판이 좋은 연예인을 광고모델로 기용할 때 기업은 높은 효과를 얻을 수 있다. 소비자들이 제품을 직접 써보지 않았음에도 연예인에 대한 기존의 호감이 제품에 대한 긍정적인 신뢰로 이어지기 때문이다. 송중기, 장동건이 광고하는 밥솥이나 조리기구로 만든 음식이 왠지 더 맛있을 것이라는 착각에 빠지기 쉽다.

《매력 자본》을 쓴 캐서린 하킴은 아름다운 외모 특히 얼굴, 섹시한 몸, 옷, 향수, 액세서리 등의 사회적 표현력 등의 매력자본을 경제자본, 문화자본, 사회자본에 이어 '제4의 자본'이라 일컬으며 외모가 매력적인 사람이 똑똑하다 하는 편견을 인정했다. 그녀의 결론에 따르면 운동을 통한 몸만들기, 화장, 패션, 성형수술 등은 성공에서 중요한 요소가 된다.

누군가에게 호감이 생기면 그 사람에게서 물건을 사거나 어떻게 해서라도 그 사람을 도우려는 경향을 '호감편향'Liking Bias이라고 한다. 사람이 특정인에게 호감이 생기는 이유는 다음과 같다.

■ 외모가 매력적인 경우
■ 출신학교, 고향, 군대, 관심사, 정치적 신념 등이 자신과 비슷한 경우
■ 상대가 먼저 호감을 보인 경우

또한 우리는 밥을 함께 먹은 사람을 선호하는 경향이 있다Luncheon Technique. 아마도 이는 파블로프의 고전적 학습이론으로 설명할 수 있겠다. 밥을 먹으면 배고픔이 사라지고 기분이 좋아지는데 그것이 마치 그 사람과 함께해서 발생하는 행복감으로 착각하기 때문이다.

마지막으로 상호협력 관계가 되면 호감을 느끼게 된다. 우리는 공동의 목표를 달성하기 위해 하나로 뭉친다. 남북이 적대관계에 있어도 북한이 일본에 대해 강하게 비난하면 북한에 대한 호감도가 상승하는 것과 같은 이치다.

카멜레온 효과

상대방에게 호감을 느끼게 하는 쉬운 방법으로 상대방의 모습을 그대로 따라하는 '미러링'mirroring전략이 있다. 상대가 턱을 괴고 있으면 따라서 턱을 괸다거나 상대가 천천히 조곤조곤 말하면 따라서 조곤조곤 말하는 식이다. 의도적으로 따라한다는 것이 티가 나지 않도록 자연스럽게 따라한다면 상대는 무의식중에 당신에게 호감을 갖게 된다.

남자들에게는 닮은 사람에 대한 선호 경향도 있다. 플래

텍 연구팀Platek, 2002은 여자들과는 달리 남자들은 아기들과 자신을 합성한 사진을 보여주었을 때 전혀 닮은 데가 없는 아이들보다 자신과 닮은 아이들을 더욱 선호하고 친밀감을 나타내는 것을 밝혀냈다. 남자들에게는 수만 년에 걸쳐 아이의 얼굴이 자신을 닮았는가가 자신의 자식인지를 확인하는 데 유용한 정보가 되어왔지만 여자들은 굳이 그럴 필요가 없기 때문으로 보인다.

'카멜레온효과'Chameleon Effect라는 것이 있다. 모방은 상대방에 대한 관심과 존중의 표시로 상대방에 대한 최고의 아부인 것이다. 공감력이 뛰어난 사람을 '카멜레온 인간'이라고 부르는데 이는 카멜레온처럼 색깔을 여러 가지로 바꾼다는 것이지, 일관성이 없어 나쁘다는 뜻이 아니다. 주위 환경에 맞게 적절히 대응하는 것, 무엇보다 그 변화에 관심을 갖고 있다는 것을 의미한다. 이런 능력은 여성이 훨씬 더 강하다.

당신이 직장에서 성공하고 하는 경우라면 불행하게도 이러한 고정관념에 순응하고 그것을 이용해야 한다. 멋진 옷과 화장, 핫한 미용실에서 머리 단장, 필요하면 성형, 고급감을 느끼게 하는 명품 구두, 액세서리, 경제력을 가늠케 하는 시계, 자동차 등. 이 모든 것이 당신의 이미지를 좌우하고 당신의 평가에 긍정적인 고정 관념으로 작용할 것이다. 당신이 금융컨설턴트라면 당신의 고객은 당신이 모나미154볼펜을 쓰는 것보다는 몽블랑 볼펜을 쓰는 당신을 볼 때 신뢰감이 높아질 것이다.

초두
효과

사기꾼들도 이런 고정관념을 이용해 사기를 친다. 겉모습은 오랜 기간 함께하는 사람에게 오래가지 못한다. 지혜로운 사람일수록 이런 고정관념에서 벗어난 사람임을 잊지 말아야 한다. 모차르트가 좋은 피아노로 작곡해 아름다운 곡을 만들었고, 셰익스피어의 글이 몽블랑 같은 고급 펜으로 썼기 때문에 뛰어나다고 생각하지 않는다.

아름다워지고픈 욕구는 인간의 본능이지만, 개인의 개성을 무시한 채 서구 백인 중심으로 획일화한 오늘날의 미의 기준이 스스로 자존감을 해치는 것은 아닌지, 수치심을 자극하는 것이 실은 뷰티산업, 다이어트산업과 성형산업의 유혹은 아닌지 돌아볼 필요가 있다.

한국의 조직문화에서는 어쩌면 조직에서의 성공을 위해 일찍 퇴근해 책을 읽거나 실력을 키우기 보다는 인사권자와 밥과 술을 먹으며 호감을 얻는 것이 훨씬 유리할지도 모른다. 호감은 당신의 실력을 실제 이상으로 뛰어난 평가를 하게 만들 수도 있다. 혹시 호감편향에 빠지지 않은 훌륭한 상사를 만났다고 생각하면 두 가지를 다 해두는 것이 좋다.

'초두효과'Primacy Effect는 먼저 제시된 정보가 나중에 제시된 정보보다 강력한 영향을 미치는 현상을 말한다.

솔로몬 애쉬Solomon Asch의 실험에 따르면, 어떤 사람 A를 설명함에 있어 한 그룹에게는 "전자의 A는 똑똑하고 근면하고 충동적이고 비판적이며 고집이 세고 질투심이 많다"고 말하고, 다른 그룹에는 "A가 질투심 많고 고집 세고 비판적이고 충동적이고 근면하고 똑똑하다"고 동일한 속성을 반대의 순서로 설명해 주었다. 그랬더니 사람들은 전자인 A를 보다 긍정적으로 평가했다.

A는 똑똑하고 열심히 일하기 때문에 다른 어리석고, 게으른 사람들로부터의 인정에 연연하지 않아 고집이 세다는 오해를 받을 수 있다고 긍정적인 해석을 했다. 반대로 부정적인 설명부터 듣게 된 후자의 A는 질투가 강하고 고집이 세며 감정적인 사람이기 때문에 근면하고 성실한 그의 장점이 희석돼 성공하지 못할 것이라고 평가했다.

처음, 한 가지,
맨 앞에

인간의 인지능력은 제한적이어서 맨 처음 들어온 정보만으로도 기억력의 한계에 도달해 이후에 듣게 되는 정보에 대한 수용 능력은 현저히 떨어진다.

마케팅에서는 한결같은 메시지를 전달하는 것이 중요하다. 광고에 여러 가지 메시지가 섞여 있으면 소비자는 어떤 것도 기억하지 못할 위험이 크다.

소비자가 다른 광고와 경합하게 되는 경우 제일 먼저 당신의 광고를 보게 하라. TV나 잡지 광고에서 전면광고나 앞면에 위치한 광고는 소비자가 기억할 가능성이 높다.

기업 입장에서 가장 중요하다고 생각되는 가치를 말하려고 치중하는 대신 소비자가 가장 연상하기 쉬운 가치에 집중하는 것이 중요하다. 일단 연상을 일으키는 데 성공하면 소비자가 브랜드의 다른 속성을 인식하는 데 긍정적인 영향을 미칠 가능성이 높다.

첫인상
효과

'첫인상효과'라는 것이 있다. 미국 뇌과학자 폴 월렌Paul Whalen은 "우리의 뇌는 0.1초 만에 타인의 신뢰도나 호감도를 평가해 버린다"고 말한다. 우리가 공정하다고 생각하는 면접도 실은 첫인상으로 이미 평가를 마친 후 자신의 평가를 확인하는 차원에서 이루어질 가능성이 높다. 첫인상의 결정요소는 외모, 목소리, 언어 순이다. 첫인상은 3초면 결정된다고 한다. 이걸 바꾸는 데는 200배 이상의 정보량을 필요로 한다고 한다.

첫인상으로 상대방을 평가하거나 판단하지 말라. 모든 부분을 편견 없이 독립적으로 평가하도록 노력해야 한다. 선입관을 버리고 매일 처음 만난 사람이라고 생각하고 지난 과거의 평가를 리셋해 보라. 당신이 평가하고 있는 사람이 200배 과대평가돼 있거나 200배 과소평가돼 있을 수 있다.

반대로 당신이 취업이나 승진을 원하거나 중요한 비즈니스 상대를 만나야 한다면 첫인상이 전부다. 좋은 첫인상을 줄 수 있도록 최선을 다하라. 외모를 깔끔하게 가꾸고, 깨끗하고 단정한 옷을 입고, 낮고 부드러운 목소리에 품위 있는 언어를 구사해라. 실력으로만 당신의 첫인상을 극복하려면 추후 200배의 노력이 들 수도 있다.

검정 비닐봉지에 넣은
명품 영광굴비

어느 세계적인 오케스트라는 단원을 모집할 때 천막으로 연주자를 가린 후 오디션을 한다고 한다. 성별, 인종, 외모가 판단력을 흐리게 하지 않도록 순수하게 음악 실력만 평가하기 위함이다.

사람을 평가하는 데 후광효과를 줄이려면 한 번에 한 가지 측면의 정보만 가지고 평가함이 옳다. 검은 터틀넥에 청바지를 입었다고 해서 당신의 프레젠테이션이 스티브 잡스처럼 되지는 않는다. 잡스처럼 멋진 PT를 했다고 해도 당신이 잡스가 되지는 않는다.

검정 비닐봉지에 넣은 명품 영광굴비와 백화점 포장지에 담은 그저 그런 굴비, 우리는 후자를 값나가는 것으로 평가할 뿐만 아니라 실제로 더 맛있게 먹을 확률이 높다. 포장에 현혹되지 않고 본질을 볼 수 있는 비범한 능력을 가졌다면 당신은 복 받은 것이다.

마흔이 넘으면
네 얼굴에 책임을 져라

'못생긴 여자는 없다. 게으른 여자가 있을 뿐이다'라는 잘못된 사회통념에서 벗어나지 못하고, 자신의 건강이나 자존감이 아닌 남의 시선을 의식해 부지런하게 가꾸는 몸은 더 멋진 몸매를 보는 순간 무너져 내리게 마련이다.

다행히 나는 이제 생긴 대로, 나대로 살아도 되는 나이가 됐다. 매력 가운데는 '츤데레' 같은 반전매력도 있으니 거기에 기대어 보아도 된다.

'마흔이 넘으면 얼굴에 책임을 져라'는 말이 있다. 내면의 아름다움이 얼굴에 나타나기 때문이리라. 조급한 사람은 성형수술과 포토샵으로 그 차이를 극복하려 애쓴다. 덧없다. 대신 타인에게 친절한 미소를 전하는 편이 빠르고 쉽다.

도박사의 오류

Gambler's Fallacy

오늘 친구가 점심 값을 내준 것을

독립적인 사건으로 보면 안 된다.

그러면 같이 밥 먹자는 연락이 영영 안 올 수도 있다.

서로 독립적으로 일어나는 확률적 사건이 서로 확률에 영향을 미친다는 착각에서 기인한 논리적 오류로, 도박사들이 성격의 특성상 앞에서 일어난 사건과 그 뒤에 일어날 사건이 서로 독립돼 있다는 확률 이론을 받아들이지 않기 때문에 '도박사의 오류'라 부른다. 실제로 이러한 사건이 몬테카를로의 한 카지노에서 발생했다고 '몬테카를로의 오류'라고도 부른다.

확률의
역설

1913년 모나코 몬테카를로의 한 카지노. 20번째 구슬까지 검은색 존에 멈추자 다음에도 검은색 존에 떨어질 가능성은 절대 없다고 생각한 도박꾼들이 벌떼처럼 모여들어 붉은색에 거액을 베팅했다. 하지만 그 후에도 룰렛 구슬은 6번이나 더 검은색 존에 떨어졌고 그 결과 수많은 도박꾼이 파산했다

동전을 던질수록 앞면이 나오는 확률이 1/2로 수렴하지만, 그렇다고 해도 다음에 던질 동전이 앞면이 나올 확률은 여전히 독립적으로 1/2인 것이다. 하지만 사람들은 동전을 던져서 앞면이 5회 연속으로 나오게 되면 그 다음은 뒷면이 나올 확률이 높아질 것으로 착각하게 된다.

첫째가 딸, 둘째도 딸이었으니 셋째는 아들일 확률이 높다고 믿는 현상, 복권에 계속 떨어졌으니 다음에는 꼭 당첨될 차례야, 응원하는 야구팀이 최근 3연패를 했으니 이번 경기는 승리할 차례라든가, 좋아하는 타자가 평균 타율이 3할이므로 이번 타석에는 안타 칠 때가 됐다고 하는 것 역시 생활 속 '도박사의 오류'다.

어제 로또복권 당첨번호가 1, 2, 3, 4, 5, 6번이었다 해서

이 번호는 다음주에 1, 2, 3, 4, 5, 6번으로 또 한 번 당첨될 확률에 영향을 미치지 않는다. 던져지는 동전은 자신이 바로 전번에 앞면이 나왔는지, 뒷면이 나왔는지를 기억하지 못한다.

인간관계는
예외

내리막이 있으면 오르막도 있을 거야, 내일은 오늘보다 나을 것이라는 근거 없는 낙관적 희망은 내일이 되면 어제와 별반 차이가 없구나 하는 실망을 부른다. 새해 들어 벌써 3번이나 지각했으니 올해는 더 이상 지각은 없을 거야. 지난달에 교통사고를 당했는데 설마 교통사고가 두 번이나 나겠어? 이 역시 근거 없는 도박사의 오류다.

성공 확률이 10퍼센트밖에 되지 않는 수술을 해야 하는 상황에서 의사가 '그동안 9명에게 이 수술을 했지만 다 실패했으니 이번엔 반드시 성공할 차례'라며 환자를 안심시킨다면 당신이라면 안심이 되겠는가?

도박사의 오류는 사건이 평균으로 회귀한다는 믿음에서 발생한다. 하지만, '대수의 법칙'이 적용된다 해도 앞으로 발생할 일이 독립적인 사건인지 여부가 중요하다. 그러나 대부분의 인간관계는 상호의존적이고 서로 관련성이 높다. 평균의 법칙을 따를 것인지 아니면 도박사의 오류에 빠지지 않을 것인지 잘 판단하라.

　오늘 친구가 점심 값을 내준 것을 독립적인 사건으로 보면 안 된다. 그러면 같이 밥 먹자는 연락이 영영 안 올 수도 있다.

로젠탈효과

Rosenthal Effect

나는 사람들이 스스로 신뢰받을 만한 가치가 없음을

입증하기 전까지는 그들을 계속 신뢰한다.

그리고 그렇게 할 때 훨씬 많은 일이 일어난다는 것을 발견했다.

_짐 버크

교사들로부터 기대를 받고 있다는 사실만으로 아이들의 성적이 높
아지는 현상.

자리가
사람을 만든다

1968년 하버드대 사회심리학과 로버트 로젠탈 교수와 초등학교 교장을 지낸 레노어 제이콥슨 등은 샌프란시스코의 한 초등학교에서 전교생을 대상으로 지능검사를 한 후 무작위로 20퍼센트 정도의 학생을 뽑은 명단을 교사에게 주면서 'IQ가 높은 학생들'이라고 믿게 했다. 이후 이렇게 무작위로 선발된, 즉 평균치의 학생들을 높은 지능의 학생들로 믿고 교육한 선생님들에 의해 보다 높은 학업성취도를 보이게 됐다.

앨리스 티부Alice Tybout 와 리처드 옐치Richard Yelch 연구팀은 유권자들에게 무작위 인터뷰를 실시했는데, 절반의 사람에게는 인터뷰를 마칠 때 "당신은 투표 및 정치적 행사에 참여할 가능성이 높은 시민이군요"라고 말했다. 이런 말을 듣게 된 사람들은 1주일 후 치러진 선거에서 투표율이 16퍼센트 높게 나타났다.

미국 어느 운송회사에서는 작업인부의 호칭을 장인으로 바꾸어 부르도록 했더니 배송 실수가 10퍼센트 줄어드는 효과가 나타났다. 자신의 일에 책임과 긍지를 갖게 되어 배송 실수가 줄어든 것이다.

OO원 등의 이름으로 불리는 직업을 OO사로 바꾸는 경우, 타인의 시선도 달라지는 동시에 스스로에 대한 자존감도 높아지는 효과가 있다.

귀신 잡는 해병, 용감한 사람이 해병이 되기도 하지만 해병이 되면 귀신도 잡을 만큼 용감해져야 한다는 자기암시로 인해 더욱 용감해지는 것이다.

고객에게 명예지점장, 명예사원, 명예대사 또는 우수고객 등의 라벨을 붙여주는 이유도 고객으로 하여금 기업에 대한 충성도를 높이기 위함이다. 명예지점장, 명예사원, 명예대사가 되는 순간 고객은 그 기대에 부응하기 위해 더욱 높은 충성도를 보인다.

자기실현적 예언

교육심리학에서는 로젠탈효과와는 반대로 교사가 학생에 대해 부정적인 기대를 갖고 있을 경우 학습자의 성적이 떨어지는 '골렘효과'Golem Effect도 있다. 특정 학생에 대한 교사의 기대 수준이 낮으면 그 학생은 그 기대에 부응하기 위해 노력을 하지 않으므로 성취도가 낮아진다. 자기실현적 예언_{Self fulfilling prophecy}의 한 종류로 분류된다. '골렘'이라는 명칭은 유대 신화 속 랍비 로위가 만들었다는 골렘에서 유래된 말이다.

'자기실현적 예언'이란 예언의 영향으로 인해 발생하지 않을 수도 있었던 일이 예언대로 되는 현상을 말한다. 자기실현적 예언에는 '피그말리온효과'_{Pygmalion Effect}도 있다. 피그말리온 효과는 타인에 대한 기대나 관심이 해당 타인에게 긍정적인 결과를 나타내는 현상이다. 피그말리온이라는 명칭은 그리스신화 속 피그말리온 왕에서 유래한다. 피그말리온 왕은 자신이 조각한 여성상을 진심으로 사랑하게 됐고, 이를 지켜본 미의 여신 아프로디테가 그의 소원을 듣고 조각상에 생명을 불어넣어 인간으로 만들었다는 이야기다.

일본의 경우 4월에 신학기가 시작된다고 한다. 그래서 일본에는 4월~6월생의 유명한 야구, 축구 스포츠선수가 많다. 초등학교 1학년의 경우 그해 4월생과 이듬해 3월생과는 체력, 체격, 운동능력, 학습능력에서 큰 차이를 보일 수밖에 없다.

1학년 동급생 가운데 잘한다고 칭찬받는 아이들은 2학년이 돼서도 잘해서 칭찬받을 확률이 높아지고 이렇게 어려서부터 지도자의 관심과 지도를 받게 된 학생은 동급생들로부터 우월한 위치에서 리더십을 발휘하는 데도 익숙해지게 된다. 이렇게 코치로부터 기대와 칭찬을 받게 되면 점점 커서 성인이 될 때까지 그 영향을 이어갈 수 있는 것이다.

단점에서
장점 찾아

'사회낙인'Social stigma 또는 '낙인효과'는 상대방에게 부정적으로 무시당하거나 치욕을 당한 경우에 즉, 상대방에게 낙인이 찍힌 경우에 부정적인 낙인을 찍힌 당사자가 실제 부정적으로 변해가는 현상을 일컫는다. 범죄학, 사회심리학 등에서 범죄자나 비행청소년이 되는 원인으로 소개되기도 한다.

고등학교 졸업 때까지 전교 1등을 놓쳐본 적이 없는 명문대 법대를 졸업한 선배가 있었다. 그는 자신의 아이가 교과서와 참고서에서 출제되는 시험문제를 틀리는 것을 이해하지 못했다.

마찬가지로 조직에서 탁월한 성과를 창출해 온 잘나가는 리더는 팀원들이 눈에 차지 않고 저성과자나 무능한 직원으로 낙인찍을 우려가 있다. 하지만 그들도 자신이 입사

할 때보다 더 치열한 경쟁을 통해 입사한, 누군가의 귀한 아들딸이자 누군가의 아빠, 엄마라는 사실을 잊지 않았으면 좋겠다.

사람이 사람에게 화를 내는 것은 실은 상대방이 잘못해서가 아니다. 내가 성격이 급해서도 아니다. 내가 이 사람에게는 화를 내도 되겠다고 만만히 보아서 그런 거다. 나는 늙으신 부모님께도 가끔 화를 내는 불효자이지만, 오랜 직장생활을 하면서 우리 부장님에게나 사장님에게는 한 번도 면전에서 대놓고 화를 내본 적이 없다. 부장님이나 사장님이 무결점의 완벽한 인간이어서가 아니라 그분들은 내가 화를 낼 만큼 만만한 분이 아니었기 때문이었다.

직원의 단점이나 실수를 보고도 눈감으라는 말이 아니다. 하지만 당신의 평가가 고정관념과 편향의 결과일 수도 있다는 말이다. 마음에 드는 직원은 유머러스하고 조직의 분위기를 밝게 만드는 활동적인 사람이고 눈 밖에 난 직원이면 매사에 신중하지 못한 가벼운 직원이 될 수도 있다.

장점과 단점은 동전의 양면과 같은 것. 사람의 단점에서 장점을 찾아 키우는 리더가 바람직하다.

두 개의
거짓말

기대는 현실을 변하게 할 수 있다. 당신 자신에 대한 기대와 당신의 팀원에 대한 기대를 높이는 것이 자기예언적인 긍정적 효과를 가져올 수도 있지만 기대가 크면 실망도 클 수 있다는 부작용이 나타날 수도 있다. 믿었던 직원에게서 배신감을 느낄 수도 있다.

세상의 모든 부모는 처음엔 자녀에게 큰 기대를 한다. 옹알이를 시작하면서 벌써 엄마, 아빠를 말하기 시작한다면서 천재가 아닌가 호들갑을 떨기도 한다. 그러다 아이가 성장하면서 영재에 대한 기대는 실망으로 변하고 "너는 머리는 좋은데 노력을 안 해서 그런 거야" 하면서 다그치게 된다.

자신이 천재가 아님을 스스로 눈치 챈 아이들은 노력도 더 이상 하지 않는다. 노력까지 했는데 성적이 나쁘다면 머리도 나쁘다는 것을 증명하는 것인데 머리가 나쁘다는 사실을 인정하기 싫기 때문이다.

자식에 대한 부모의 기대는 남다르다. 아이가 큰 사회적 물의를 일으키더라도 부모는 "천성이 악한 아이는 아닌데, 친구를 잘못 만나서 그래요"라고 변호한다.

세상의 거짓말 가운데 "시어머니가 며느리를 딸같이 생각한다"와 더불어 "우리 회사는 직원을 가족같이 생각한다"는 말이 있다고 한다.

직장에서도 이렇게 기대와 희망을 버리지 않고 끝까지 나를 믿어주는 상사와 동료가 있다면 얼마나 좋을까 하는 생각을 해본다. 그래야 비로소 '가족 같은 회사'라 이름붙일 수 있지 않을까.

동기부여구축이론

Motivation Crowding Theory

목적을 숨긴 칭찬은 폭력이다.

_마셜 로젠버그

어떤 행동에 대해 외적 인센티브를 제공하는 것이 때때로 그 행동을 수행하기 위한 본질적 동기를 약화시킬 수 있다는 이론이다. 사람들은 자극적인 인센티브제도에는 즉각적으로 반응하지만, 그 제도의 진정한 의도나 배후에 대해서는 숙고하지 않기 때문이다.

같은 목적
다른 효과

　동기부여구축강화이론은 외재적 보상이 주는 숨겨진 비용에 대한 개인의 심리적 인식에 따라 내재적 동기가 달라지는 점을 밝히는 데 초점을 두고 있다. 개인이 외재적 보상을 숨겨진 비용이나 자신에 대한 통제의 수단으로 인식하는 경우에 내재적 업무수행 동기는 감소하며 부정적으로 영향을 미쳐 동기부여 구축 효과가 발생하게 된다.

　내재적 동기부여에 부정적 영향을 미치는 심리적 조건은 두 가지가 있다. 외재적 보상이나 개입이 자기결정권의 상실을 초래하거나 자존감에 상처를 준다고 인식하는 경우다. 반대로 외재적 보상이나 개입을 자신에 대한 지원 수단으로 인식하는 경우에 개인의 자존감은 향상돼 행동의 자유가 보장됨을 느끼게 되고 자기결정권이 확대돼 내재적 동기부여는 강화된다.

　이러한 행위자의 심리적·주관적 인식이 외부 개입에 대한 개인의 행동을 결정하는 중요한 변수가 된다.

호의가 계속되면
권리가 된다

프레이Frey, 1997는 개인의 내재적 동기부여가 구축되는 일상생활에서의 사례를 제시했다.

어느 가정에서 아이가 스스로 정원의 잔디를 깎아 왔다. 어느 날 부모는 자녀에게 "잔디를 깎는 일에 대해 금전적으로 보상을 하겠다"고 말했다. 그때부터 자녀는 잔디 깎는 일에 대한 부모의 금전적 보상이 자기결정권과 자존감을 침해한다고 생각해 그 일을 게을리 하게 됐다. 또는 자신이 수행하는 다른 가정 일에 경제적 보상이 주어지지 않으면 그 일을 수행하지 않게 됐다.

아이들이 밥먹는 것에 대해 보상을 하게 되면 나중에는 보상을 주기까지는 밥을 먹지 않게 된다. 아이들로 하여금 '밥 먹는 일은 보상을 요구할 만큼 힘든 노동이구나' 하는 잘못된 생각을 갖게 하는 것이다.

다른 사례는 이스라엘의 공공서비스에서 찾을 수 있다. 어린이집에 자녀를 맡긴 부모들이 공식적으로 정해진 시간이 지나도 자녀를 데려가지 않아 직원이 퇴근할 수 없는 상황이 발생했다. 이 문제를 해소하기 위해 경제학자는 아이를 늦게 데려가는 부모에게 벌금을 부과하도록 처방했다. 그런데 자녀를 늦게 데려가는 부모의 수가 오히려 급격히 증가했다. 부모는 범칙금 부과를 일종의 처벌로 인식하고, 범칙금을 납부하는 것으로 자녀를 늦게 데려가는 것에 대한 마음의 짐을 덜게 된 것이었다.

쥐꼬리
포상금

또 하나의 동기부여 구축 사례는 님비NIMBY 문제에서도 찾을 수 있다. 스위스 정부는 핵폐기물 시설을 건설할 지역을 선정하고, 주민들에게 시설의 입지에 대한 의견을 물었다. 주민의 50.8퍼센트는 찬성, 44.9퍼센트는 반대, 나머지 4.3퍼센트는 의견 없음이었다.

찬성률을 높이고자 주민들에게 시설 입지에 대한 커다란 대가를 제시하면서 다시 찬반을 질문했더니 오히려 찬성률이 24.6퍼센트로 급격히 떨어졌다.

외재적 보상 제시는 주민들로 하여금 핵폐기물 시설이 위해하다는 인식을 더욱 강하게 심어주고, 결국 대의를 위해 시설 입지를 허용하겠다는 숭고한 내재적 동기에 상처를 준 것이었다.

1902년, 프랑스의 식민지배를 받던 베트남 하노이에 흑사병이 발병하자 쥐 퇴치를 위해 보상을 내걸었다. 쥐꼬리를 잘라 오면 포상금을 지급한 것이었다. 이후 수집되는 쥐의 꼬리는 급증했으나 쥐의 개체수는 좀처럼 줄어들지 않았다. 집집마다 쥐를 사육해 꼬리를 잘라 포상금을 받는 사람이 늘어난 탓이었다.

1947년 지중해 인근에서 고대 두루마리 양피지 유적이 발굴됐다. 지역 주민들에게 양피지를 발굴할 때마다 보상금을 지급하자 사람들은 온전한 양피지를 여러 개로 찢어 여러 번에 걸쳐 보상금을 수령했다. 19세기 중국에서도 공룡 뼈 발굴을 위해 인센티브를 지급하자 사람들은 발견한 공룡 뼈를 여러 개로 나눠 신고해 보상금을 받아갔다.

측정과 평가의 맹점

현대 직장에서도 유사한 사례가 종종 발생한다. 실적 채우기에 급급해 실적 인정 기준에만 부합된다면 추구하고자 하는 가치는 손상되더라도 주어진 목표를 달성하고자 하는 것이다. 전투에는 이기는 데 전쟁에서는 지는 활동을 열심히 하고, 조직에서는 그런 사람을 강한 목표 달성 의지와 추진력을 갖춘 사람이라고 칭찬하는 경우가 많다.

조직에서 목표 달성 성과에 따라 인센티브를 연동 지급하기로 결정한다면 경영진이나 부서장들은 수익 극대화 노력보다는 달성이 쉬운 지표나 목표를 설정하는 데 시간과 노력을 쏟을 가능성이 있다.

장기적인 고객과 기업의 가치보다는 평가기간 내 평가목표 달성을 위해 고객가치에 반하는 영업에 몰두하는 부작용도 발생할 수 있다.

예를 들면, 마케팅 활동의 목표 설정과 평가에서 근본적인 마케팅의 목적보다는 평가가 가능하고 측정이 쉬운 지표를 설정하는 데 집중하게 된다. 즉각적인 판매량, 방문자수, 클릭 횟수 등은 측정과 평가가 쉽다는 장점이 있다. 우리는 광고나 마케팅이 효과를 내려면 시간이 걸린다는 것을 잘 알고 있다. 단기적인 광고효과나 판매성과가 브랜드에 우호적인 충성고객을 늘리는 데 적절한 평가지표는 되지 못한다.

하지만 단기적 평가의 함정에 빠지게 되면 장기적인 효과를 기대하는 광고보다는 즉각적인 클릭 수나 방문자수를 늘리는 데 초점을 맞춘 광고활동이 일어날 수밖에 없다. '머리를 자를지 말지 미용사에게 물어보지 말라'는 독일

속담처럼 사람들은 언제나 자신에게 이익이 되는 일을 한다. 측정하지 않으면 행동하지 않는다. 사람들은 이야기 들은 대로 하는 것이 아니라 평가받는 대로 행동한다. 그래서 조직에서는 측정과 평가를 멈출 수 없다.

하지만 무엇을 측정하고 무엇을 평가할 것인가를 결정하는 데는 신중을 기해야 한다. 측정과 평가가 쉽다는 이유만으로 설정된 지표는 그릇된 동기부여를 구축하는 효과를 야기할 수 있다.

경찰이 가로등 밑에서 뭔가를 열심히 찾는 술 취한 사람을 발견했다. 열쇠를 잃어버렸다는 그를 도와 한참을 찾았지만 찾지 못했다. 정말 여기서 잃어버린 것이 맞느냐고 경찰이 물었더니 아니라고 대답한다. 그런데 왜 여기서 찾고 있냐고 묻자, 술 취한 사람이 "잃어버린 곳은 저쪽인데 어두워서 잘 안 보여 환한 가로등 밑에서 찾고 있다"고 말했다. 평가와 측정을 하는 데 같은 어리석음을 조직에서 범하는 경우가 많다.

보상과 처벌이 강해질수록 효과가 지속된다. 당근과 채찍의 효과는 전보다 강도가 세져야 효과가 있다. 당근과 채찍은 절대적인 수준의 문제가 아니라 전보다 얼마나 더 부여하느냐에 의미가 있다. 미국 심리학자 레오 크레스피 Leo Crespi는 이를 '크레스피 효과'Crespi Effect라고 이름지었다.

성과연봉제와 관련해 댄 애리얼리의 반도체공장에서의 실험이 있다. 그는 공장 근로자를 세 그룹으로 나눠 평소보다 생산실적이 좋은 1그룹에는 30달러를 지급하고, 2그룹에는 피자 한 판을 주고, 3그룹에는 직속상사의 격려 편지를 전달하는 식으로 다르게 보상했다.

다음날 생산량 향상을 보니 2그룹 6.9퍼센트 향상, 3그룹 6.7퍼센트 향상, 1그룹 4.9퍼센트 향상 순으로 나타났다. 어떤 형태가 됐든 보상은 생산성 증대에 효과가 있었다.

다음날도 같은 실험을 했다. 그랬더니 30달러와 피자를 받은 사람들의 생산성이 폭락하는 결과를 목격했다. 이러한 실험을 5주간 반복한 결과 30달러를 받은 그룹은 평소보다 13.2퍼센트 하락, 피자를 받는 그룹은 5.7퍼센트 하락, 칭찬을 받은 그룹은 평소보다 0.64퍼센트 상승하는 결과를 가져왔다.

　금전적·물질적 보상을 내건 성과 독려는 매번 그 보상의 크기를 확대하지 않는 한 오히려 불만의 야기와 생산성의 하락을 가져오는 것이다.

　금전적·물질적 보상에 대해 많은 경영진이나 심지어 근로자들 스스로도 오해하고 있는 부분이기도 하다. 금전적 인센티브를 내건 상호경쟁의 스트레스가 단기적으로 가시적인 성과를 내는 것처럼 보여도 결국 화기애애한 직장문화, 상호협력과 우애, 상호헌신과 격려의 가치를 상실하게 한다면 장기적으로는 얻는 것보다 잃는 것이 많다.

　성과급, 상금이라는 당근이 자칫 너는 지금 최선을 다하고 있지 않다거나 너는 돈을 좀 더 받게 되면 열심히 일할 것이라는 불신의 표현으로 느껴져서는 안 된다.

　높은 목표를 부여하고 당근과 채찍을 쓰면 직원들이 열심히 목표 달성에 매진하고 성과를 달성할 것이라는 경영진의 생각은 직원들로 하여금 성과를 내는 것이 아닌 성과를 낸 것처럼 보이는 데 애쓰게 만든다. 열심히 일하는 것이 아니라 열심히 일하는 모습으로 보이느라 애쓰게 만드는 것이다. 평생 함께할 고객을 쳐다보는 것이 아니라 올해 평가권을 쥐고 있는 상사를 쳐다보게 만든다. 경쟁사와 경쟁하게 만드는 것이 아니라 조직 내 승진자리를 놓고 내부경쟁을 하게 만든다. 정의로운 성과 창출이 아니라 정치적인 처세술에 길들여지게 만든다.

칭찬은 고래를
'잠시' 춤추게 할 뿐이다

채찍보다는 당근이 바람직하고, 금전적 보상의 함정을 알기 때문에 많은 리더가 칭찬을 통한 동기부여에 의존하고자 노력한다. 칭찬은 고래도 춤추게 한다니까. 하지만 칭찬에도 폭력적인 칭찬이 있고 폭력적 칭찬으로는 인간의 동기부여가 어렵다는 사실을 알아야 한다.

비폭력대화NVC, Non Violent Communication를 주창한 마셜 로젠버그Marshall B. Rosenberg는 목적을 숨긴 칭찬을 폭력적 칭찬이라 칭했다.

'칭찬은 고래도 춤추게 한다'고 믿는 사람 가운데는 학교에서 선생님이 칭찬하면 학생들이 더욱 공부를 열심히 하듯이, 직장에서도 상사가 칭찬하면 직원들이 더욱 열심히 일한다고 믿는다. 그러나 칭찬을 받는 사람이 열심히 일한다 하더라도 처음 얼마 동안뿐이다.

칭찬 뒤에 숨은 의도를 알아차리고 나면 생산성은 떨어진다. 칭찬과 감사 표현 뒤에 숨은 의도가 자기들한테 무언가를 얻어내려는 것임을 알게 되는 순간부터 감사의 진정성이 훼손된다.

칭찬과 감사의 표현을 통해 상대방으로부터 무엇인가 돌려받기 원해서가 아니라 순수한 마음으로 서로 기쁨을 나누기 위한 칭찬이 NVC를 활용한 칭찬이다. 우리가 다른 사람에게 고마움을 표하는 의도는 오로지 그들 덕분에 충만해진 삶에 기뻐하려는 데 있음을 명심해야 한다. 직원들은 그렇게 어리숙하지 않다.

점화효과

Priming Effect

사람은 슬퍼서 우는 것이 아니라 울어서 슬퍼지고
즐거워서 웃는 것이 아니라 웃어서 즐거워진다.
우리 세대의 가장 위대한 발견은
사람은 자기 마음을 고치기만 하면
자신의 인생까지도 고칠 수 있다는 것이다.

_윌리엄 제임스

점화는 기억에 저장된 생각을 무의식적으로 활성화해 시간적으로
먼저 제시된 자극이 나중에 제시된 자극의 처리에 영향을 주는 현상
이다. 'Priming'의 사전적 의미 가운데는 화약의 기폭제나 펌프에 넣
는 '마중물'이라는 뜻도 있는데, 이를 우리의 뇌와 기억에 은유적으
로 적용한 개념이다.

so͜p

 'so_p'의 밑줄 친 곳에 알파벳 하나를 추가해 단어를 완성하고자 하는 경우, 'eat'라는 단어를 보고 나서는 'soap'보다는 'soup'를 떠올릴 가능성이 높아진다.

 반대로 'wash'라는 단어를 먼저 보았다면 빈칸에 'a'를 넣어 'soap'라는 단어를 완성할 확률이 높아진다.

 '점화효과'는 어떤 판단이나 이해에 도움을 주는 촉진 효과와 그 반대 역할을 하는 억제 효과를 낼 수 있다. 어떤 생각을 먼저 떠올렸느냐, 어떤 환경에 먼저 노출됐느냐에 따라 사람들은 자신도 모르게 이후의 생각이나 행동에 영향을 받게 되는 것이다.

웃으면
행복해진다

 심리학자 존 바그John Bargh는 1996년 학생들을 대상으로 다음과 같은 실험을 했다. 절반의 학생에게는 'Florida', 'forgetful', 'bald', 'gray', 'wrinkle'이란 단어를 포함해 문장을 만들도록 과제를 내주었고 이후 과제를 마친 피험자들과, 과제를 수행하지 않은 다른 절반의 학생들은 복도를 지나 다른 장소로 이동하게 안내를 받았다.

실험 결과, 위의 단어를 사용해 노인을 주제로 글을 쓴 학생들은 그렇지 않은 집단보다 이동하는 데 더 많은 시간이 소요됐다. 작문을 통해 '늙었다'는 생각이 의식 속에 몰래 주입된 피험자들은 그렇지 않은 사람들보다 걸음걸이가 느려진 것이다. 이를 가리켜 '플로리다효과'Florida Effect라고 한다.

이들에게는 두 단계의 점화과정이 개입됐다. 피험자들은 본인 스스로가 노화라는 개념이 주입됐다는 사실조차 인식하지 못했고, 그에 따라 신체반응이 느려졌다는 사실도 물론 인식하지 못했다. 이는 역방향으로도 작용하는 것으로 밝혀져 학생들을 일부러 천천히 걷게 했을 때 노년과 관련된 단어를 더 많이 인식하는 것으로도 나타났다. 의식이나 감정이 행동을 바꾸는 것이 아니라 행동이 의식이나 감정을 바꿀 수도 있다는 사실을 보여주는 것이다.

이러한 실험 결과에 따르면, '행복하면 웃는다'는 당연한 사실과는 반대로 '웃으면 행복해진다' 같은 반대의 작용도 가능하다는 것이다. 헤드폰의 성능을 검사하는 것이라고 실험목적을 속여 피험자들에게 헤드폰을 착용하게 한 후, 한 집단은 고개를 끄덕이라는 지시를 내리고, 다른 한 집단에게는 고개를 가로저으라는 지시를 내린다. 이들이 착용한 헤드폰을 통해 동일한 사설 내용을 들려주었는데 그 사설에 동조하는가를 묻는 질문에 고객을 가로젓도록 요청받은 집단은 고개를 끄덕이는 집단에 비해 동의하는 비율이 낮게 나타나는 것으로 조사됐다.

비슷한 실험으로 한 집단에게는 연필 끝을 입술로 물게 해 입을 오무리게 하고, 또 다른 집단에게는 연필을 가로로 물게해 입을 웃는 모양으로 한 후, 양 집단에 동일한 코미디를 보여주고 얼마나 재미있었는지를 평가하게 하면 연필을 가로로 물었던, 즉 웃는 모양의 표정을 지었던 집단이 더 재미있게 평가하는 것으로 나타났다.

사람은 즐거우면 웃게 되지만 우리의 어리석은 뇌는 억지로 즐거운 표정을 지어도 마음이 즐거운 것으로 착각하게 되는 것이다.

창피한 행동을 떠올리면
손을 씻고 싶어진다

네덜란드 경영대학원 교수 천보중Chen-Bo Zhong과 케이티 릴리언퀴스트Katie Lijenquist는 'w_h', 'sh_er', 's_p'라는 모호한 단어 퍼즐을 가지고 재미있는 실험을 했다. 최근 겪었던 창피한 행동을 떠올리라는 부탁을 받은 사람들은 이 조각 단어들을 wash 씻다와 shower 샤워와 soap 비누로 완성할 가능성이 높은 반면, wish 바라다와 shaker 셰이커와 soup 수프로 볼 가능성은 낮은 것으로 나타났다. 아울러 동료 몰래 그의 험담을 하는 자신을 생각만 했는데도 마트에서 배터리나 주스, 아이스크림보다는 비누나 소독약, 세제를 구매하는 경향을 보였다. 이들은 이런 점화 효과에 대해 '맥베스 부인 효과 Lady Macbeth effect'라는 이름을 붙였다.

'맥베스 부인 효과'는 윌리엄 셰익스피어의 비극〈맥베스〉에서 맥베스 부인이 국왕을 살해한 뒤 손을 씻는데, 이와 같이 자신의 영혼이 더럽혀졌다는 느낌은 자신의 몸을 씻고 싶다는 욕구를 유발한다는 의미에서 붙인 이름이다.

마음이 윤리와 같은 추상적 개념을 이해할 때 몸의 도움을 받는다는 증거, 즉 "몸으로 생각한다"는 '신체화된 인지 Embodied Cognition'의 증거로 여겨지고 있다. 비즈니스에서 상대에게 차가운 음료보다 뜨거운 커피를 마시게 하면 따뜻한 느낌을 갖게 돼 계약을 성사시킬 확률이 높아진다거나, 입사 면접시 이력서가 무거운 파일에 혹은 가벼운 파일에 꽂혀있느냐에 따라 지원자가 진중한 사람인가, 아니면 가벼운 사람인가에 대한 평가가 달라지고, 무거운 물건을 들고 있는 지원자가 더 신뢰할 만한 인물로 보이기 때문에 무게감 있고 단단한 손가방에 이력서를 넣어가는 게 좋다거나 이성과 데이트를 할 때 촉감이 거친 물건을 치우고 식탁을 부드럽게 꾸며야 성공 확률이 높아진다는 것 등은 모두 신체화된 인지이론을 활용하는 사례다.

심리학자 캐슬린 보Kathleen Vohs는 점화현상을 광범위하게 연구한 결과, 사람들에게 돈에 관한 글을 읽게 하거나 자리에 앉아 여러 종류의 통화가 그려진 포스터를 보게 하는 등 돈과 관련된 이미지를 제시하게 되면 그들이 이기적으로 행동할 확률이 높아진다는 사실을 밝혀냈다. 닐 매크래Neil Macrae 등이 실시한 실험에선 F1자동차경주의 세계챔피언인 마이클 슈마허Michael Schumacher에 대한 생각을 떠올린 실험 참여자들의 말하는 속도가 더 빨라지는 것으로 나타났다.

커뮤니티게임
월스트리트게임

심리학자 마거릿 쉬Margaret Shih, 토드 피틴스키Todd Pittinksky, 날리니 암바디Nalini Ambady 등은 동양인 여학생들을 대상으로 수학시험을 치르게 하면서 시험 시작 전에 한 집단은 당신은 '동양인'이라는 정체성으로, 다른 한 집단은 당신은 '여성'이라는 정체성으로 이들을 자극했다. 시험을 마치고 채점 결과 전자의 점수는 매우 높게 나온 반면, 후자의 점수는 낮게 나왔다. 동양인에 대한 고정관념은 수학을 잘한다는 것이고, 여성에 대한 고정관념은 수학을 잘 못한다는 것인데, 이 고정관념이 사전에 학생들을 무의식을 자극함으로서 학생들의 시험성적에 영향을 미친 것이다.

'죄수의 딜레마'Prisoner's Dilemma 게임 실험에서도 실험 참가자들에게 당신이 하게 될 이름이 '커뮤니티게임'이라고 소개했을 때와 '월스트리트게임'이라고 소개했을 때 게임 결과는 확연히 다른 차이를 보였다. '커뮤니티게임'이라는 말을 듣고 게임에 임한 사람들은 '월스트리트게임'에 참여한 학생들보다 게임 상대방에게 훨씬 협조적인 모습을 나타냈고 최종적으로 얻는 보상의 크기도 컸다.

'커뮤니티게임'이라는 말이 협동을 필요로 하는 공동체를 떠올리게 한 반면, '월스트리트게임'이란 말은 처절한 경쟁을 기반으로 하는 약육강식을 떠올리게 했기 때문에 나타난 결과로 이해할 수 있다.

2000년 미국 애리조나 주에서 실시된 학교에 대한 자금 지원을 늘리자는 안건의 투표에서 투표소가 학교 안에 설치 됐을 경우의 찬성률이 학교 밖에 설치된 투표소의 비율에 비해 높게 나타나는 것 역시 일종의 점화효과로 볼 수 있을 것이다.

진짜
위험

차나 커피를 마실 때마다 양심적으로 가격표에 따라 '양심상자'honesty box에 돈을 넣으라고 하면, 간혹 제대로 돈을 내지 않고 음료를 마시는 사람들이 있게 마련이다.

벽에 음료를 이용하는 사람을 응시하는 듯한 눈을 한 사람의 사진을 게시했을 때와 꽃과 같은 이미지의 사진을 게시했을 때 현금상자에 들어간 금액이 3배나 차이가 났다.

불법으로 쓰레기를 내다버리는 골목 구석에 '쓰레기를 버리지 마시오'라는 표지판을 내걸었을 때보다 자신의 얼굴이 보이는 거울을 설치했을 때 더욱 효과가 있었다는 실험 결과와 일맥상통하는 것이라 할 수 있다.

점화효과는 무의식적으로 갖게 된 생각들을 우리가 알지 못하는 사이에 자극하면서 일어나는 것이다. 그런데 점화를 받은 사람들은 이를 전혀 알지 못하거니와 이에 대해 물어보아도 완강히 부인하는 경향이 있다. 코넬대 마케팅 교수 브라이언 완싱크Brian Wansink는 "진짜 위험은 우리 모두 환경적인 암시에 영향을 받기에는 자신이 너무 똑똑하다고 생각하는 것이다"고 말한다.

7.5년
더 사는 비결

"사람이 늙어갈수록 쓸모가 없어진다는 말에 동의합니까?"라는 질문에 긍정적인 시각과 부정적 시각을 가진 50대 이상의 피험자를 20여 년 후에 추적한 결과, 긍정적 시각을 가진 사람은 부정적 시각을 가진 사람들보다 7.5년을 더 산 것으로 나타났다.

심리학자 대니얼 카너먼은 피험자들에게 다음과 같은 질문을 했다.

[첫 번째 질문] 당신의 생활은 대체로 행복합니까?
[두 번째 질문] 당신은 최근 한 달 동안 데이트를 몇 번 했습니까?

이들의 답변을 분석해 본 결과 두 질문간의 상관관계는

전혀 나타나지 않았다.

하지만 똑같은 질문을 질문의 순서를 바꾸어 보았다.

[첫 번째 질문] 최근 한 달 동안 데이트를 몇 번 했습니까?
[두 번째 질문] 당신의 생활은 대체로 행복합니까?

질문의 순서를 바꾸자 답변한 데이트의 횟수가 증가할수록 행복도가 높아지는 상관관계가 뚜렷하게 나타났다. 데이트를 몇 번 했느냐는 질문이 응답자의 행복감과 연결돼 그 다음 질문인 행복도에 대한 평가를 할 때 데이트가 판단 기준으로 부지불식간 작용하는 것이다.

잠들기 전
뉴스 청취는 금물

개인의 긍정적 정서는 개인의 행복을 위해 중요하다. 긍정적 정서가 필요할 때 가장 간단한 방법은 그냥 억지로라도 웃는 것이다. 웃는 표정을 짓게 되면, 즉 웃음과 관련된 근육이 수축되기만 해도 철없는 우리의 뇌는 우리가 웃는다고 판단하고 긍정적 정서와 관련된 도파민을 분비하게 되면서 즐겁고 기분 좋다고 느껴 긍정적 정서로 전환될 수 있다.

　부정적인 정서가 당신에게 스며들지 않도록 하기 위해서는 재미있는 사람, 긍정적인 사고방식의 사람과 만나는 것이 좋다. 가급적 행복한 주제로 이야기 나누라. 정치적 이슈로 논쟁하지 마라. 뉴스는 안 보는 게 좋다. 뉴스를 끊어도 직장생활 하는 데 전혀 지장이 없다. 대신 책을 보는 것으로도 충분히 뒤떨어지지 않는다. 특히 잠들기 전 뉴스 청취는 금물이다.

행복한
전염

무엇보다도 당신 스스로 재미있는 사람, 긍정의 아이콘이 돼라. 즐거워서 웃는다기보다는 웃기 때문에 즐거운 것이며, 화가 나서 인상 쓴다기보다는 인상 쓰고 화내기 때문에 분노를 느끼게 되는 것이다.

출근하기 전에는 정말 억지로라도 '편안하다', '유쾌하다', '재미있다', '예의바르다' 등의 단어들을 되뇌다 직장 동료를 만날 때는 오랜 친구를 만났다고 생각한다.

새로운 누군가를 만날 때는 점쟁이가 말하는 동쪽에서 온 귀인이라고 생각해 본다. 그러면 나의 태도가 조금은 긍정적으로 바뀐다. 될 수 있는 한 긍정적 단어를 많이 말하며 점화시켜라. 상대방도 긍정적으로 반응해 줄 것이다.

아니어도 할 수 없다. 하지만 적어도 당신이 부서장이라면 출근 후 당신의 기분과 표정에 팀원의 하루 행복감이 영향을 받는다는 것을 잊지 마라. 그 기분은 퇴근 후 그들의 가족에게까지 전염될 수 있다.

관찰자효과

Observer Effect

벼는 농부의 발자국소리를 많이 들을수록 맛있고 알차진다.

_영화 〈리틀 포레스트〉 중에서

타인이 지켜보면 본래 가지고 있던 의도나 천성과 다르게 바람직한 방향으로 행동한다. 호손공장의 근로자를 대상으로 한 생산성 증가 실험에서 파생됐다고 '호손효과'The Hawthorne effect로도 불린다.

장학사들의
실험

미국 일리노이 호손공장의 근로자를 대상으로 한 생산성 증가 실험은 작업장의 조명이나 작업환경을 개선하는 경우 생산성이 높아진다는 결론으로 유명하다.

그러나 실험과는 다르게 많은 학자가 생산과정을 지켜보는 상황이 근로자들로 하여금 더욱 열심히 일하게 해 본의 아니게 생산성이 일시적으로 높아지게 됐다는 다른 해석을 내놓았다.

'관찰자효과' 또는 '감시자효과'의 역사는 1920년대 미국의 장학사였던 휴 하츠혼H. Hartshorne과 메이M. May의 실험으로 거슬러 올라간다.

하츠혼과 메이는 신앙심이나 도덕 교육이 아이들의 도덕성을 향상시킬 수 있는지 실험해 보기로 했다. 그들은 장학사 자격으로 방문한 학교의 학생들에게 아주 어려운 시험문제를 냈다.

또래 아이들이 50점을 넘기 힘든 시험이었다. 그런데 이 시험을 어떤 교실에서는 시험문제를 푸는 동안 감독을 하는 선생님을 배치했고, 다른 교실에서는 시험감독 없이 실시했다.

수년간 미국의 수많은 학교를 돌아다니며 8~18세 학생 1만1,000여 명을 대상으로 이 실험을 실시한 결과, 감독이 없는 조건에서 시험을 본 학생들의 점수는 시험감독이 있을 때보다 예외 없이 50퍼센트 이상 높게 나왔다. 이는 시험감독이 없는 교실에서는 대부분 부정행위가 있었다는 얘기였다.

부정행위 하는 비율은 고급 기숙학교든 신앙심이 투철한 종교학교든, 혹은 가난한 동네 학교든 거의 차이가 없었다. 부모의 교육수준에 따른 차이도, 남녀 간 차이도 거의 없었다.

단순측정
효과

뚜렷한 차이가 나는 것은 나이였다. 나이가 많은 학생일수록 감독이 없을 때 부정행위도 많이 했다. 이런 실험을 통해 하츠혼과 메이는 사람들의 기대와는 달리 도덕교육이나 신앙심, 고상한 배경이나 지위 같은 것들은 학생들이 정직하게 시험을 보게 만드는 데 별 도움이 되지 않는다는 것을 알 수 있었다. 오로지 상황의 차이, 즉 시험 감독의 존재여부가 아이들의 도덕성을 결정한 것이었다.

"요즘 가만히 지켜보니까 학생들의 복장이 예전보다 참 나아졌다"는 생활지도교사가 있다면 사실은 교사가 '지켜보고 있어' 그런 것일 수 있다. 지켜보지 않으면 다시 원래의 수준으로 회귀할 가능성이 높다.

방관자효과와 감시자효과는 환경이 인간의 행동에 얼마나 큰 영향을 미치는지를 보여주는 사례다.

이타적인 인간이라고 해도 상황에 따라서 무심하고 냉정한 행동을 할 수도 있고, 도덕적인 사람도 상황에 따라 매우 비도덕적인 행동을 할 수도 있다.

그러니 사람들의 행동을 보고 인성을 판단하기 전에 먼저 그가 어떤 상황에 처해 있는지를 살펴보는 것이 더 현명한 태도다.

단순히 사람들 생각이나 의견을 묻거나 측정하는 절차가 그들의 행동에 영향을 미칠 수 있다. 이를 '단순측정효과'Mere-measurement Effect라고 한다.

설문조사가
매력을 높인다?

이런 현상은 기업의 마케팅에 활용되기도 하는데 특정한 행동투표나 체중감량, 특정 제품의 구매 등에 대한 설문조사에 응답하는 것만으로도 차후 응답자의 행동에 영향을 미친다.

특정 영화를 관람할 의향이 있는지, 특정 지역을 여행할 계획이 있는지, 특정 상품을 구매할 의향이 있는지에 대한 질문을 받고 그에 답했을 때, 이러한 답변은 차후 당사자의 행동에 영향을 미친다는 것이다.

사례로 "향후 6개월 안에 새 차를 구매할 의사가 있습니까?"라는 간단한 질문만으로도 구매율을 35퍼센트나 높일 수 있는 것으로 나타났다.

미국인을 대상으로 50개 주에서 4만 명 이상을 표본 조사한 결과, '향후 6개월 안에 휴대전화를 구매할 의사가 있습니까?'라는 간단한 질문만으로도 구매율을 35퍼센트나 높일 수 있는 것으로 나타났다. 사람들의 의도를 측정하는 설문조사가 그들의 구매 의사와 행동에 영향을 미친다는 것이다.

선거일 바로 전날 투표할 의향이 있는지 물었을 경우 투표율을 무려 25퍼센트나 끌어올린 것으로 드러났다. 게다가 '이번 선거에서는 예년보다 투표율이 크게 올라갈 것으로 예상된다'는 뉴스를 접한 그룹은 그렇지 않은 그룹보다 투표에 참여할 확률이 20퍼센트 이상 올라간다.

선거철에 기승을 부리는 여론조사와 설문조사 역시 특정 후보를 위한 선거운동의 일환일 가능성이 높다.

조직에서의
활용

직원을 대상으로 준법, 법규 준수에 대한 생각을 묻는 설문조사만으로 직원들의 준법정신을 제고하는 효과를 얻을 수 있다.

직원을 대상으로 자사의 신제품과 관련한 설문조사를 실시하는 것으로 자사 제품의 관심과 애착을 높일 수 있는 것처럼 고객을 대상으로 한 상품 구매의사를 묻는 설문조사를 진행할 경우 향후 고객의 상품 구매율을 높일 수 있다.

링겔만효과

Ringelmann Effect

세상에는 두 부류의 사람이 존재한다.

남의 짐을 들어주는 자, 그리고 비스듬히 남에게 기대는 자.

_어느 시인

집단 속에 참여하는 사람의 수가 증가할수록 성과가 커질 것으로 예상하지만, 오히려 성과에 대한 1인당 공헌도가 떨어지는 현상. 혼자서 일할 때보다 집단 속에서 함께 일할 때 노력을 덜 기울인다는 것이다.

무임
승차자

링겔만효과는 독일의 심리학자인 막시밀리언 링겔만Max-imilien Ringelmann이 집단 내 개인의 공헌도를 측정하기 위해 줄다리기 실험을 한 결과에서 이름 붙여졌다. 실험 결과, 개인의 힘을 100으로 가정했을 때 2명이 참여한 줄다리기에서는 잠재치의 93퍼센트를 발휘한 반면, 3명일 경우에는 85퍼센트, 그리고 8명일 때는 64퍼센트 정도만 힘을 낸 것으로 나타났다. 줄다리기에 참가하는 사람이 늘수록 한 사람이 발휘하는 힘의 크기는 줄어드는 것으로 나타난 것이다.

일반적으로 참여자가 많을수록 시너지효과를 발휘할 가능성이 클 거라고 생각하지만 링겔만의 실험을 통해 확인해 본 결과에서는 혼자일 때보다 집단 속에서 함께 일할 때 오히려 잠재 역량을 숨기거나 노력을 덜 기울여 참여자가 늘어날수록 시너지가 감소하는 역시너지 현상이 나타났다.

5명이 들어와 있는 SNS 단톡방에 비하면 100명이 있는 단톡방은 새로운 글의 알림이 왔을 때 확인하거나 댓글을 남기는 반응속도가 느리다. 마찬가지로 다수의 직원을 향해 하는 업무지시는 반응속도가 느리다.

이러한 현상의 원인으로는 참여하는 구성원이 많아질수록 '나 하나쯤이야' 하는 마음을 가지는 방관자효과가 나타나 무임승차자Free Rider가 될 확률이 커지는 것이 가장 큰 원인이라 볼 수 있다. 링겔만효과는 개인의 공헌도가 분명히 드러나지 않는 상황이나 결과에 대한 책임이 분명하지 않는 상황에서 나타날 수 있다. 조직 속에서 개인의 가치를 발견하지 못하는 경우, 조직 속 부품처럼 여겨져 의욕을 잃었을 때 나타날 수도 있다.

주인의식의
피로감

개인의 능력이 직접적으로 보이지 않고 집단 안에서 흡수되는 경우 개인이 최선의 자기 노력을 기울이지 않는 현상을 가리켜 사회적 태만Social Loafing라 하고, 이는 책임감의 분산효과Diffusion of Responsibility로 인해 발생된다.

집단적으로 논의할 때 개인이 혼자 의사결정을 내릴 때보다 더 모험적인 결정을 내리는 경향을 보이는데, 이러한 경향을 '모험이행'Risky Shift이라고 한다. 그 결과가 온전히 내 책임이 아니므로 모험적인 시도를 하는 것이다. 연기금 운영자들이 투자처를 물색하거나 전쟁 등 위험한 군사작전을 감행할 경우 발생한다.

시너지효과를 추구하는 기업에서 반대로 링겔만효과가 나타나는 경우를 쉽게 찾아볼 수 있다. 링겔만효과를 없애기 위해 기업은 구성원들에게 주인의식을 심어주려 노력한다.

워크샵, 교육, 단합대회 등 가능한 여러 프로그램을 통해 구성원들에게 주인의식을 고취시키기 위한 시도들을 하지만 그럴수록 조직원들은 피곤해할 뿐 부작용은 크고 효과는 의문시된다.

꿀벌집단에서도
발견되는 현상

업무평가시 팀에 대한 개인의 공헌도를 평가하는 인사평가 시스템이 필요하다. 책임의 범위를 명확히 하고 한 사람 한 사람이 잠재적 역량을 충분히 발휘할 수 있는 인센티브 시스템을 마련하거나 구성원 개개인이 흥미를 가지는 분야에 열정을 가지고 몰두할 여건을 만들어주는 것이 중요하다.

어느 조직 어느 집단이나 모험을 주도하면서 리더십을 발휘하는 사람이 있고, 제 역할을 묵묵히 수행하는 사람, 그리고 집단에 기생해 몸을 사리고 숨으며 프리라이더가 되는 사람이 있다.

이는 사람만이 아닌 꿀벌집단에서도 발견되는 현상이라고 하니 어쩌면 어느 정도의 프리라이더는 감수하는 게 정신건강에 좋을 듯하다. 모두가 항상 100퍼센트 자기 역할을 발휘하는 조직이 있을까. 없다고 보는 게 맞다.

사후확신편향

Hindsight Bias

내 그럴 줄 알았지.

어떤 일의 결과를 알고 난 후에 자신은 마치 그 일이 일어나리라는 것을 사전에 알고 있었던 것처럼 착각하는 인지적 편향.

닉슨의 방중
결과 예측

카네기멜론대 바루크 피쇼프Baruch Fischoff 교수의 1975년 실험을 보자.

학생들에게 미국 대통령인 리처드 닉슨Richard Nixon, 1913~1994의 중국 방문에 대한 결과물을 예측해보라 했다. 닉슨의 방중 결과가 나온 후, 학생들에게 자신들이 예측한 결과를 회상해 보라고 했을 때, 학생들은 자신의 예측이 결과와 유사하다고 기억하는 경향을 보였다.

1975년과 1977년 실험에서 학생들에게 문제의 답을 먼저 가르쳐 주고 시험을 보게 하면 학생들은 답을 가르쳐 주지 않았어도 자신이 충분히 맞힐 수 있는 문제였다고 주장하는 경향이 높음을 발견했다.

먼데이 모닝
쿼터백

당신도 혹 '먼데이 모닝 쿼터백'Monday Morning Quarterback?

미국에서 제일 인기 있는 스포츠인 미식축구는 주로 일요일에 열리기에 다음날인 월요일 아침, 전날 경기를 본 사람들은 직장에 출근해 마치 전문가가 된 듯이 지난 경기에 대해 의견을 말한다. 이를 두고 미식축구에서 작전을 지시하며 경기를 풀어나가는 포지션인 쿼터백Quarterback에 비유한 것이 '먼데이 모닝 쿼터백'의 유래다. 먼데이 모닝 쿼터백은 일의 결과가 나온 후에야 그 일에 대해 전문가처럼 자신의 의견을 개진하는 사람을 뜻한다.

　스포츠기자는 두 가지 기사를 사전에 준비할 가능성이 높다. 이기면 이길 수밖에 없었던 분석기사. 지면 질 수밖에 없었던 분석기사. 경기 결과가 나오기 전까지는 어느 기사가 올라갈지 모른다. 대한민국 월드컵 국가대표 축구팀의 경우에도 마찬가지다. 승리하는 감독에게는 승리할 수밖에 없는 다양한 이유가 분석되지만, 지면 패배의 결과는 사전에 예고된 것이다. 자유분방한 팀 분위기는 승리하면 즐기는 소통의 축구를 해서 이긴 것이고, 패배하면 승리에 대한 간절함이 없었고 정신력이 부족에서 질 수밖에 없었던 것이다. 스포츠기자나 캐스터는 늘 경기가 끝나고 난 후에야 승리, 패배는 마치 사전에 자신이 예고했던 것처럼 논평하거나 기사를 쓴다.

현 사회에서도 먼데이 모닝 쿼터백을 쉽게 접할 수 있다. 2007년 당시 경제전문가들은 2008년 이후의 세계경제에 매우 긍정적인 의견을 내보였다. 그러나 1년 뒤인 2008년 세계 금융시장은 서브프라임 모기지 사태로 위기를 맞았다. 이후 많은 경제전문가들은 예측과 다른 결과가 나타났음에도 금융위기의 조짐을 이미 알고 있었다는 듯 위기가 발생한 이유에 대한 논리정연한 설명을 내놓았다. 그렇게 잘 알았으면 그들은 왜 미리 금융위기를 경고해주지 않았을까? 그들이 금융위기를 미리 예측했다면 투자 포트폴리오의 조정으로 천문학적인 돈을 벌어 갑부가 됐을 텐데 왜 아직도 경제전문가로 일하며 먹고살까?

태풍으로 인한 피해나 공사장 대형사고, 화재로 인한 큰 인명피해…. 각종 큰 재해를 보도하는 언론은 한결같이 '예고된 인재'로 표현한다. 사고가 날 수밖에 없는 상황이었는데, 정부는 관리감독을 하지 않았고, 시민들에게 위험을 고지하지 않았고, 국회는 관련 법안 제정에 소극적이었으며 국민의 안전불감증이 한몫했다는 식이다. 대한민국에서 대형 사고를 막는 방법은 각 언론사 기자들에게 앞으로 일어날 10대 대형사고의 시간과 장소를 예측하게 하면 될 것이다.

예언가의
세상

선거가 끝나면 TV나 언론에서는 선거에 승리한 이유와 패배한 이유에 대해 토론이 벌어지고 상당수의 패널이 어느 정도의 승리, 또는 패배의 결과를 얻을 것인지 예측하고 있었던 것처럼 말한다. 미국의 대통령선거에서 예상 외로 트럼프가 당선되자 트럼프가 당선될 수밖에 없었던 이유를 설명하는 사람들의 목소리만 높았다.

사후확신편향은 사람들로 하여금 스스로를 마치 예언가나 미래를 꿰뚫어보는 현자로 만든다. 혹 금융전문가 가운데 정말로 그런 예측 능력이 있다고 생각하는 사람이 있다면 집을 팔고 전 재산을 정리해 오를 수밖에 없는 특정 국가, 특정 종목의 주식에 솔선수범해 투자해 보길 바란다. 그럼 그를 믿고 나도 투자해 보고 싶다. 비록 그 결과가 나쁘다 하더라도 수용하고 인정할 용의가 있다.

비겁한
팀장

조직에서 당신이 리더의 위치에 있다면 특히 사후확신편향을 조심할 것을 권한다. 사후 확신편향은 성공보다는 실패와 불행한 결과에 반응하기 쉬운데, 팀원들과 머리를 맞대고 기획한 사업이 실패하고 난 후 자기는 실은 진즉에 그런 결과를 예견하고 있었다고 말하는 것은, 당신의 예지력의 부족과 무능함은 물론 거기에 당신의 비겁함까지 드러내는 최악의 수를 두는 것이다.

사람은 한치 앞을 예측하기 힘들다. 예측이 어렵기 때문에 살아가는지도 모른다. 용하다는 점쟁이도 지나간 일을 잘 맞출 뿐이다. 예측이 빗나갔다면 겸허히 받아들이면 된다. 팀원들에게는 그게 인간적이고 덜 추해 보인다.

방관자효과

Bystander Effect

결국 우리는 적의 말이 아니라

친구들의 침묵을 기억하게 될 것입니다.

_마틴 루터 킹

지켜보는 사람이 많을수록 어려움에 처한 사람을 돕지 않게 되는 현
상. 어떠한 사건이 일어났을 때 다른 사람들이 어떻게 행동하는가를
관찰하며 그들과 같은 행동을 하거나 '누군가 하겠지' 생각하는 현상.
'제노비스신드롬'Genovese syndrome 등으로 말하기도 한다.

1964년, 키티 제노비스Kitty Genovese가 이른 새벽, 뉴욕의 자기 집 근처에서 강도에게 강간·살해당했다. 그녀가 격렬하게 저항을 했기에 강도와의 사투는 30분 이상 계속됐는데 주변의 40가구에서 그 소리를 들었지만 어느 누구도 그녀를 구하려고 하거나 경찰에 신고하지 않았다.

언론에서는 대중의 냉담함을 비난하는 기사가 실렸으나 이후 심리학자들은 이러한 결과가 나타난 것이 냉담해서가 아니라 목격자나 관련자가 많을수록 '누군가가 하겠지'라는 생각을 갖게 돼 아무도 행동하지 않는 결과를 가져오는 현상임을 발견했다.

제노비스의 비극은 목격자가 많았음에도 그들이 개입하지 않았던 것이 아니라 목격자가 많았기 때문에 아무도 끼어들지 않았다는 것이다. 이러한 현상을 '제노비스신드롬' Genovese Syndrome, '방관자효과'Bystander Effect, Bystander Apathy로 부른다.

이후 밝혀진 제노비스 살해사건의 실상은 목격자 가운데 경찰에 신고한 사람도 있었고 언론의 발표가 상당히 과장됐다는 것이 밝혀졌지만, 이후 반복된 실험에서 이러한 심

리적 현상은 변함없이 우리에게서 보편적으로 찾을 수 있
는 현상이 됐다.

내가 안 해도
누군가 하겠지

존 달리John Darley와 빕 라타네Bibb Latane의 실험을 보자. 실
험실 안에 피실험자 학생 1명을 넣고 연기를 집어넣는 경
우와 실험실에 3명씩 넣고 연기를 집어넣는 경우 화재 신
고를 어떻게 하는지 지켜보았다. 그 결과 다수가 있을 경우
내가 행동을 취하지 않더라도 다른 누군가가 신고했을 것
이라 생각하고 신고율이 떨어지는 반면, 혼자 있는 경우에
는 적극적으로 신고하는 모습을 보였다.

간질발작을 연기한 가짜 목소리에 어떻게 반응하는지도
살펴보았는데 피실험자가 혼자 있을 때는 85퍼센트가 3분
안에 외부에 도움을 요청하지만, 주위에 다수가 듣고 있다
고 생각할 때 도움을 요청하는 비율은 극히 저조했다. 이
실험에서 어떤 조치를 취할 사람이 나 말고도 있다고 생각
하는 경우 그 사람이 많을수록 피실험자는 아무 조치를 취
하지 않는 '책임감분산효과'Diffusion of Responsibility가 나타나

는 것을 알 수 있었다.

　이런 현상을 보여주는 실험은 다양하게 실행됐다. 주류판매점에서 주인 모르게 두 남자가 맥주 1박스를 훔치는 상황을 연출했을 때 목격한 고객이 한 명인 경우와 다수인 경우를 비교하면, 한 명이었을 때 이 사실을 주인에게 알리는 확률이 높았다.

일대일로
지목하는 광고

　자선활동 광고는 사람들이 나에게 개별적으로 도와달라는 요청을 받고 있는 느낌을 주어야 효과적이다. 집단으로 도움을 요청받게 되면 내가 아니라도 누군가가 할 것인데 굳이 내가 불편과 희생을 감수할 필요가 없다고 생각하게 만든다. 개별적인 부탁이나 요구가 어렵다면 특정 지역 등으로 범위를 좁혀 어필하는 것이 문제를 일부 해결할 수 있다.

　헌혈을 유도하기 위해서는 국가 전체 혈액 보유량이 부족하다는 메시지보다는 특정지역으로 나누어 그 지역의 혈액 재고량 부족을 그 지역 주민에게 부각하면 참여율을 높일 수 있다. 졸업생을 대상으로 모교에 장학금이나 기부금을 모으는 캠페인을 할 때 졸업생의 출신학과 후배들에게 혜택이 돌아가는 장학금과 기부금을 모집하는 것이 더욱 효과적이다.

_1914년 9월 5일 발행된 영국 모병 포스터. 전쟁부 장관 키치너 경이 강렬한 눈빛으로 정면을 노려보고 있다. 이 선전에 힘입어 영국은 100만 명 이상이 모병에 응했다. 이 포스터의 영향을 받은 모방작이 이후 수없이 등장했다.

개인 맞춤 전략에 의존한 개인화된 마케팅이 아니더라도 자신이 개인적으로 언급돼 있다는 인상을 받게 만드는 것도 효과적인 커뮤니케이션 기법이다. 모범사례로 영국 전쟁부 장관 키치너 경Lord Kichener의 1차세계대전 신병모집 광고가 좋은 예다.

'영국에는 200만 명의 신병이 부족합니다' 대신 '조국이 당신을 필요로 한다'고 1대1로 지목하는 광고가 더욱 효과적이었다.

**특정한 사람에게
구체적인 요청**

우리가 방관자효과에 대한 실험에서 얻을 수 있는 교훈은 이렇다.

■ 집단 구성원 중 긴급상황과 관련된 전문가가 있는 경우 다른 다수의 목격자가 현장에 있다 하더라도 그 전문가가 도움을 주려고 나설 가능성이 매우 높다.

■ '누군가가 하겠지' 할 때 아무도 안 할 수 있다. 내가 먼저 나서야 한다. 그러나 곁에 전문가가 있다면 전문가에게 맡겨라. 너도 나도 나서면 오히려 비효율적일 수 있다.

■ 도움을 요청할 때, 타인의 협력을 유도할 때 집단을 대상으로 막연하게 할 것이 아니라 특정한 사람에게 구체적인 업무를 요청

하는 것이 효과적이다.

리더는 조직 내에서 사회적 태만을 조장하는 요인이 있다면 이를 제거하는 노력을 기울여야 한다. 팀원들은 자신의 노력이 합당한 보상을 받지 못하고 있다고 생각할 때, 자신의 기여가 필요없다고 생각할 때, 그리고 적극적 참여 여부와 관계없이 얻는 보상이 동등할 때 사회적 태만에 빠질 확률이 높아진다.

실적이 부진한 조직에서 부서장이 "앞으로는 우리 모두 열심히 최선을 다해 보자"는 식의 다짐은 큰 효과를 거두기 어렵다. 실적 향상을 위해 팀원 각자가 무슨 일을 어찌 해야 하는지 분명하게 알려주는 것이 필요하다.

학습된 무기력

Learned Helplessness

노예가 노예의 삶에 너무 익숙해지면

놀랍게도 자신의 다리에 묶여 있는 쇠사슬을

서로 자랑하기 시작한다.

어느 쪽 쇠사슬이 더 빛나는가 등.

심지어 쇠사슬에 묶여 있지 않은 자유인을 비웃기까지 한다.

_리로이 존스

1960년대 마틴 셀리그먼이 실험을 통해 명명한 현상. 스스로 통제할 수 없는 외상적 경험을 반복적으로 겪게 되면 이후 같은 경험에 대처하려는 동기가 감소해 상황을 벗어나거나 회피하려는 시도나 노력을 포기하게 되는 현상을 말한다.

안 될 거야
안 됐으니까

미국 심리학자 마틴 셀리그만Martin Seligman은 1967년 펜실베니아대에서 우울증에 대한 관심을 동물실험으로 확대해 '학습된 무기력'에 대한 연구를 시작했다.

개들을 세 집단으로 나누어 첫째 집단과 둘째 집단에게 전기충격을 주었다. 그런데 첫째 집단은 전기충격 제어장치가 있어서 전기충격이 올 때마다 이를 피할 수 있게 했고, 둘째 집단은 선택의 여지없이 전기충격을 받게 했다. 셋째 집단은 아무런 전기충격도 주지 않았다.

그 다음 셀리그만은 모든 개를 '왕복상자'shuttle box에 넣고 전기충격을 주었다. 왕복상자란 개가 얼마든지 뛰어넘을 수 있는 낮은 칸막이가 설치된 상자다. 일반적인 개들은 전기충격을 받을 때 다른 칸으로 뛰어넘어 도망가는 '도피학습'escape learning을 한다. 결과는 놀라웠다. 첫째와 셋째 집단의 개들은 전기충격을 피하기 위해 열심히 칸막이를 뛰어다녔지만, 둘째 집단의 개들 중 2/3는 무기력하게 전기충격을 견디고 있었다.

셀리그먼은 실험 결과를 바탕으로 "하나의 유기체가 스스로 통제할 수 없는 외상적 경험을 하게 되면, 후에 이러한 외상적 경험에 대처해 반응하려는 동기가 감소하게 돼 자극을 회피할 길이 있더라도 그것을 학습하는 데 어려움을 겪게 된다. 결국 정서적인 평형이 깨지면서 우울증과 불안이 고조된다. 개들로 하여금 왕복상자에서 도망칠 수 없도록 했던 것은 전기충격 그 자체가 아니라 충격을 스스로 통제할 수 없었던 경험, 즉 '통제에 대한 무력감'이었다"라고 밝혔다.

아기코끼리 때부터 발에 묶은 로프가 오랜 시간이 지나 어른 코끼리가 돼서 충분히 끊고 도망칠 힘이 있음에도 도망을 시도하지 않는 것도 학습된 무력감일 테다.

건의사항 접수
그만하자 건의합니다

조직에서 바른말을 위한 몇 번의 시도가 무산된 경우 더 이상 직원들이 의견개진을 하지 않은 것도 바로 학습된 무력감이다. 많은 조직에서는 창의력과 현장의 의견을 상품이나 정책에 반영한다는 목적으로 게시판을 운영하거나 아이디어 공모 행사 등을 한다. 하지만 그런 의견 가운데 채택되는 것은 이미 알고 있거나 하기로 계획돼 있던 것이 많다.

직원들은 시간이 갈수록 관심을 두지 않게 된다.

　매번 정기적으로 반복되는 건의사항 접수에 지친 직원들은 이러한 건의사항을 더 이상 접수하지 말자는 것을 건의하기도 한다.

판단력을 잃으면 결혼하고,

자제력을 잃으면 이혼하고,

기억력을 잃으면 재혼한다.

 프랑스의 극작가 아르망 사라클의 위트 넘치는 이야기입
니다. 그러나 한 부서를 담당하는 리더의 판단력 부족은 조
직의 성과창출을 저해하고, 리더의 인내심 부족은 조직의
문화와 분위기를 다운시키고, 리더의 기억력 부족은 앞선
두 가지 피해를 무한 반복하게 합니다.

 이 땅의 부장과 팀장들의 어깨에 후배들이 오래 다닐 수
있는 직장, 또한 후배들이 오래 다니고 싶은 직장인지 여부
가 좌우되는 것입니다.

 의자에 올라 시계나 액자를 벽에 걸 때 수평을 맞추려 혼
자 높은 곳에서 아무리 노력해도 쉽게 되지 않습니다. 이때
는 아래쪽 조금 멀리 떨어진 곳에서 지켜보는 사람들에게
내가 반듯하게 잘 걸고 있는지를 물어보는 것이 빠르고 정
확합니다. 높은 곳에서, 가까이서 내가 지켜본다고 해서 언
제나 옳고 정확한 것은 아닙니다.

 자신의 판단에 착오나 착각, 오류는 없는지, 또는 자신이

멀리 내다보지 못하고 조급함에 빠져 있는 건 아닌지 한 발짝 떨어져 있는 팀원들과 겸허한 마음으로 소통하며 깨닫는 것이 중요합니다.

그러나 처음부터 그들이 마음을 열고 이야기를 나누지는 않을 것입니다. 부하직원들이 지위가 높은 사람에게 존경을 표하는 것 같지만, 실은 지위가 높은 모든 사람이 다 마음속으로부터 존경을 받는 것은 아니기 때문입니다.

누군가 말하길 그 사람이 살아있을 때는 가장 많이 가진 사람을 기억하지만 그 사람이 세상에 없을 때는 가장 많이 나눈 사람을 기억한다고 합니다. 훗날, 위대한 사람은 가장 많이 가진 사람이 아니라 가장 많이 나눈 사람인 것이지요.

조직에서도 마찬가지입니다. 현직에 같이 근무할 때는 권력을 가장 많이 가지고 있는 사람에 주목하지만, 조직을 떠나게 되면 그 권한을 가장 많이 나누고자 했던 사람을 기억하게 됩니다. 안부를 묻고 연락을 이어가는 사람은 결국 후자더군요. 이 책이 이 땅의 모든 팀장과 부장에게 그 자리를 떠난 이후에도 팀원들로부터 안부와 소식을 나누는, 오래 기억되는 리더가 되는 데 도움이 되길 바라면서 후배 부장과 팀장 여러분의 파이팅을 응원합니다.

《슬기로운 부장생활 1》에 소개된 심리법칙

권위자편향 Authority Bias 권위자로부터의 지시나 명령이 윤리와 도덕, 자신의 신념과 생각에 반하는데도 비판 없이 복종하는 현상.

악의 평범성 Banality of Evil 독일 정치철학자 한나 아렌트가 1963년 쓴 《예루살렘의 아이히만》에서 주장한 이론이다. 나치의 홀로코스트 같은 역사 속 잔악무도한 악행은 광신자나 반사회성 인격장애자들이 아니라 국가에 순응하며 성실하게 살아가는 평범한 사람들에 의해 행해진다고 주장하고, 이를 '악의 평범성' Banality of Evil 이라고 칭했다.

대비효과 Contrast Effect 같은 사건, 내용이라도 주변 상황이나 상대적 위치에 따라 느끼는 정도가 달라지는 경향을 말한다.

사회적 검증 Social Proof 집단의 다수로부터 받는 심리적 압력 때문에 집단의 의견과 일치된 행동과 생각을 하거나 조화되는 방향으로 자신의 행동이나 생각을 바꾸는 현상을 말한다. 즉, 남들 하는 대로 따라하면 큰 탈 없다고 생각하는 현상이다. 유사한 의미로 '동조현상'이 있는데, 역시 집단의 압력에 개인이 태도와 행동을 바꾸는 현상이다.

계획오류 Planning Fallacy 사람들이 특정 프로젝트를 수행할 때 최적의 상황만 감안하다 보니 어떤 작업의 완료일이나 예산을 과소하게 또는 낙관적으로 예측하는 등의 이유로 최종 결과가 원래 예상에서 크게 벗어나는 현상.

주의력 착각 Illusion of Attention 관심 영역 밖에 있는 상황이나 사물에 대해서는 변하는 걸 알아차리지 못하는 현상. '변화맹' Change blindness, '무주의 맹시' Inattentional Blindness 등으로도 표현된다.

현재유지편향 Status-quo Bias 여러 가지 선택 옵션이 있는 경우 사전에 설정된 초깃값에 의해 선택하는 경향. '초깃값효과'라고도 한다.

행동편향 Action Bias 불분명한 상황에서 우리는 뭔가를 하고 싶은 충동을 느낀다. 그리고 나면 더 낫게 변한 것이 아무것도 없더라도 기분은 나아진다. 이렇듯 결과에 관계없이 무언가를 행하는 경우 그렇지 않은 경우보다 마음의 안정감을 얻는 성향을 '행동편향'이라 한다.

감정휴리스틱 Affect Heuristic 사람들은 인간이 합리적이고 이성적으로 판단한다고 말하지만, 인간은 감정에 따라 판단하는 일이 많다. 폴 슬로빅Paul Slovic 등은 "감정이 여러 형태의 판단이나 의사결정에서 정신적 지름길로 작용한다"고 주장했다.

이야기편향 Story Bias 인간은 천성적으로 이야기를 좋아하기에 짜임새를 잘 갖춘 이야기는 객관적인 사실이나 정보를 각색함으로써 합리적인 의사결정이나 선택을 방해한다. 흥미로운 이야기가 진실보다 큰 힘을 발휘하는 현상.

프레이밍효과 Framing Effect 표현과 사고의 방식이 사람들의 믿음과 선호에 미치는 부당한 영향을 말하는 것으로 동일한 사안에 대해서도 어떻게 표현되느냐, 또는 어떤 관점에서 바라보느냐에 따라 전혀 다른 반응과 결론을 가져올 수 있다는 이론. '프레이밍'이란 사진 용어는 사진을 찍을 때 피사체를 파인더에 적절히 배치해 화면을 구성하는 것을 말하는데, 이에 따라 사진의 느낌과 구성이 달라지는 것처럼 프레이밍 효과란 사람들이 자신이 가진 생각의 틀Frame에 따라 동일한 사건도 다른 시각에서 보며, 달리 이해하고, 다른 결론을 내리는 것을 말한다.

정박효과 Anchoring Effect 배가 닻을 내리면 움직이지 않는 것처럼 초기에 제시되는 숫자나 자극이 일종의 선입관으로 작용해 이후 판단에 영향을 주는 효과.

집단사고 Groupthink 응집력 있는 집단들의 조직원들이 갈등을 최소화하며 의견의 일치를 유도해 비판적인 생각을 하지 않는 것을 뜻한다.

분석마비 Analysis Paralysis 지나치게 분석하고 생각하는 나머지 이후의 행동이나 의사결정을 마비시켜 아무런 해결책이나 행동을 이끌어내지 못하는 현상.

수다를 떠는 경향 Twaddle Tendency 자신이 잘 모르는 주제이거나 깊이 고민해 보지 않은 문제일 경우 머릿속에 명료하게 생각이 정리되지 않는다. 이때 입으로 쏟아내는 어렵고 애매모호한 긴 말들은 부족한 지식과 얕은 생각을 은폐시킨다. 그러나 듣는 사람은 그 모호한 말이 유창하다는 이유로 그를 과대평가한다.

평균값의 오류 The Problem with Averages 평균이라는 정보에 기대어 잘못된 의사결정을 하는 경우가 많다.

확증편향 Confirmation Bias 자신의 신념과 부합되거나 일치하는 정보는 받아들이고, 그렇지 않은 정보에 대해서는 무시하는 사고방식. 자기가 보고 싶은 것만 보고 자기가 믿고 싶은 것만 믿는 현상이다.

NIH증후군 Not Invented Here Syndrome 말 그대로 '여기서 개발된 것이 아니다'라는 의미다. 소속된 조직 내부에서 고안되거나 개발된 것이 아니라 외부에서 온 것이라면 무조건 인정하지 않는 경향. 제3자가 개발한 기술이나 연구 성과는 무작정 인정하지 않는 배타적 조직문화나 태도를 말한다.

매몰비용의 오류 Sunk Cost Fallacy 현재 진행하고 있는 일을 계속할 경우 미래에 발생할 이득이 크지 않거나 오히려 손실이 발생할 것을 알고 있음에도 과거에 투자한 비용이 아까워 일을 중단하지 못하는 일련의 행동.

정보편향 Information Bias 너무 많은 정보가 의사결정에 오히려 혼란과 방해를 줄 수 있음에도 정보가 많을수록 의사결정에 도움이 될 거라는 착각을 뜻한다.

단순노출효과 Mere Exposure Effect 어떤 대상을 자주 접할수록 인지적 편안함과 낯익은 친근감에 그 대상을 보다 매력적이고 긍정적이고 우호적으로 평가하게 되는 현상.

모호성의 회피 Ambiguity Aversion 우리는 어떤 확률의 위험보다는 불확실성, 모호함을 기피하는 성향이 있다. 반대로 불확실성과 모호함보다는 차라리 어떤 확률의 위험을 선호하는 경향을 보인다. 이 부문을 연구한 경제학자 대니얼 엘스버그의 이름을 따 '엘스버그의 역설'Ellsberg Paradox이라고도 부른다. 엘스버그는 1962년 하버드대 경제학 박사 논문 〈Risk, Ambiguity and Decision〉에서 예상치 못한 시장의 충격에 대한 위험 회피를 설명하는 '모호성 기피'ambiguity aversion라는 개념을 내놓는다. 그는 투자자가 위험뿐 아니라 모호성도 회피하는 성향을 나타낸다고 진단한다.

제로리스크편향 Zero Risk Bias 사람들은 위험성을 제로로 만들기 위해 필요 이상의 많은 노력과 비용을 지불한다.

《슬기로운 부장생활 2》에 소개된 심리법칙

거짓기억증후군 False Memory Syndrome 인간의 기억은 왜곡될 수 있을 뿐 아니라 한 인간의 두뇌 속에 완전히 잘못된 기억을 이식시킬 수도 있다.

자아고갈 Ego Depletion 의지나 자제력을 유지하기 위한 노력에는 에너지가 소비되며 이러한 에너지는 한정적인 자원이어서 사용할수록 고갈된다. 단기 간에 생각을 열심히 하거나 너무 많은 결정을 내려야 했던 사람들은 마음이 지치지 않았던 사람들에 비해 얼음물 속에 손을 오래 담그고 있지 못한다. 한 가지 과업에 자제력을 사용했던 효과가 다른 과업에 영향을 주어 심리학자들 이 '자아고갈'이라고 부르는 현상이 일어난다.

상호성의 법칙 Law of Reciprocality 상대가 호의를 베풀면 호의를 받은 사람 은 빚진 감정을 갖게 되고 나중에 다시 그 빚진 마음을 갚으려고 하는 인간의 심리를 '상호성의 법칙'이라고 한다.

수면자효과 Sleeper Effect 시간이 지나가면서 습득한 정보에 대한 수용자 들의 태도 변화를 칭하며 수용자가 정보에 노출된 직후와 비교해 시간이 지 난 후 그 정보에 대한 태도가 변하는 경향을 말한다. 일반적으로는 신뢰성이 낮은 출처의 정보가 시간이 지나면서 그 설득력이 높아지는 현상을 말한다.

고정행동유형 Fixed-Action Patterns 동물생태학에서 다양한 동물이 구애·구혼 의식이나 교미의식 같은 일련의 행동에서 발견되는 규칙적이고 맹목적 이고 기계적인 행동양식.

귀인오류 Fundamental Attribution Error '귀인오류' 또는 '기본귀인오류'란 타인의 행동 또는 문제 상황에 대한 이유를 환경적 요인이나 특수한 외부 요 인, 맥락에서 찾지 않고, 그 사람의 개인적인 성향이나 성격, 능력, 감정, 태도 등 그 사람의 내적 요인에서 찾으려는 경향을 말한다. 어떤 행동에는 사회구 조부터 개인의 기질까지 수많은 원인이 작동하는데 우리는 오로지 그 사람이 이상해서 그런 행동을 했다고 생각하는 오류.

인과관계의 오류 Fallacy of Causality 단순한 상관관계를 보이는 사건이나 우 연히 벌어진 사건을 인과관계로 오해해 원인과 결과를 잘못 연결짓는 현상.

현저성편향 Salience Bias 어떤 특징이 눈에 띈다는 이유로 원래 그것이 갖고 있는 의미보다 큰 의미를 부여하고 나아가 행위의 원인으로 여기게 되는 오류다. 눈에 띄는 정보들은 사람들의 사고에 과도하게 영향을 미치는 반면, 숨겨진 채 눈에 잘 띄지 않거나 소리 없이 천천히 전개되는 원인들은 과소평가하는 오류에 빠지기 쉽다.

결과편향 Outcome Bias 사람들은 결과가 좋으면 과정의 좋고 나쁨은 생각하지 않고 좋은 결과로 이어질 충분한 이유가 있다고 생각하는 오류.

과신효과 Overconfidence Effect 판단 과정에서 한 사람의 주관적인 자신감이 객관적인 사실보다 훨씬 더 크게 발휘되는 오류를 말하며 자신의 성과를 실제보다 과대하게 평가하고, 타인에 비해 우수하다고 생각하며 자신의 믿음에 대한 정확성을 과신하는 현상으로 나타난다.

생존편향 Survivorship Bias 자신이 성공할 개연성을 일반적인 확률보다 과대하게 평가하는 경향이다.

파킨슨의 법칙 Parkinson's Law 영국 출신 해군사학자 노스코트 파킨슨이 주장한 법칙으로 3개의 법칙이 있으나 그중 업무량 증가와 공무원의 수는 무관하다는 제1법칙이 대표적이다.

평균으로의 회귀 Regression to the Mean 극단의 점수나 극단의 행동도 긴 흐름으로 보면 결국 평균을 향해 수렴해가는 현상.

가용성편향 Availability Bias 개인적인 경험이나 익숙하고 쉽게 떠올릴 수 있는 사례를 토대로 특정 사건이 일어날 확률을 과장되게 평가하는 오류.

후광효과 Halo Effect 일반적으로 어떤 사물이나 사람을 평가를 할 때 일부의 긍정적 특성에 과도하게 주목함으로써 전반에 대한 객관적인 판단을 저해하는 심리적 특성을 말한다.

도박사의 오류 Gambler's Fallacy 서로 독립적으로 일어나는 사건이 서로 확률에 영향을 미친다는 착각에서 기인한 논리적 오류다. 도박사들이 앞에서 일어난 사건과 그 뒤에 일어날 사건이 서로 독립돼 있다는 확률 이론을 받아들이지 않기 때문에 '도박사의 오류'라 부른다. 실제로 이러한 사건이 몬테카를로의 한 카지노에서 발생했다고 '몬테카를로의 오류'라고도 부른다.

로젠탈효과 Rosenthal Effect 교사들로부터 기대를 받고 있다는 사실만으로 아이들의 성적이 높아지는 현상.

동기부여구축이론 Motivation Crowding Theory 어떤 행동에 대해 인센티브를 제공하는 것이 때때로 그 행동을 수행하기 위한 본질적 동기를 약화시킬 수 있다는 이론이다. 사람들은 자극적인 인센티브제도에는 즉각적으로 반응하지만, 그 제도의 진정한 의도나 배후에 대해서는 숙고하지 않기 때문이다.

점화효과 Priming Effect 점화는 기억에 저장된 생각을 무의식적으로 활성화해 먼저 제시된 자극이 나중에 제시된 자극의 처리에 영향을 주는 현상이다. 'Priming'의 사전적 의미 가운데는 화약의 기폭제나 펌프에 넣는 '마중물'이라는 뜻도 있는데, 이를 우리의 뇌와 기억에 은유적으로 적용한 개념이다.

관찰자효과 Observer Effect 타인이 지켜보면 본래 가지고 있던 의도나 천성과 다르게 바람직한 방향으로 행동한다. 호손공장의 근로자를 대상으로 한 생산성 증가 실험에서 파생됐다고 '호손효과'The Hawthorne effect로도 불린다.

링겔만효과 Ringelmann Effect 집단 속에 참여하는 사람이 늘어날수록 성과가 커질 것으로 예상하지만, 오히려 성과에 대한 1인당 공헌도가 떨어지는 현상. 혼자 일할 때보다 집단 속에서 함께 일할 때 노력을 덜 기울인다는 것이다.

사후확신편향 Hindsight Bias 어떤 일의 결과를 알고 난 후에 자신은 마치 그 일이 일어나리라는 것을 사전에 알고 있었던 것처럼 착각하는 인지적 편향.

방관자효과 Bystander Effect 지켜보는 사람이 많을수록 어려움에 처한 사람을 돕지 않게 되는 현상. 어떠한 사건이 일어났을 때 다른 사람들이 어떻게 행동하는가를 관찰하며 그들과 같은 행동을 하거나 '누군가 하겠지' 생각하는 현상. '제노비스신드롬'Genovese syndrome 등으로 말하기도 한다.

학습된 무기력 Learned Helplessness 1960년대 마틴 셀리그먼이 실험을 통해 명명한 현상. 스스로 통제할 수 없는 외상적 경험을 반복적으로 겪게 되면 이후 같은 경험에 대처하려는 동기가 감소해 상황을 벗어나거나 회피하려는 시도나 노력을 포기하게 되는 현상을 말한다.

《슬기로운 부장생활 3》에 소개된 심리법칙

인지부조화 Cognitive Dissonance 인지부조화란 두 가지 이상의 반대되는 믿음, 생각, 가치를 동시에 지닐 때나 기존에 가지고 있던 것과 반대되는 새로운 사실을 접했을 때 개인이 받는 정신적 스트레스나 불편한 경험이나 이런 불일치를 줄이고자 태도나 신념을 바꾸는 행태다.

통제의 환상 Illusion of Control 실제적으로는 권한이 없는 뭔가에 대해 통제하거나 영향을 미칠 수 있다고 믿거나 통제하고 있다고 믿으면서 심리적 안정감을 느끼는 현상. 객관적인 외부 환경을 자신이 통제할 수 있다고 믿는 경향이다.

귀납법의 오류 Induction Fallacy 과거의 경험만으로 미래를 예측하는 오류.

노력정당화효과 Effort Justification Effect 사람들은 어떤 일에 많은 에너지를 쏟아 부으면 그 결과에 대해 크게 평가하는 경향이 있다. 유사한 개념으로 '이케아효과'Ikea Effect가 있다. 기성 완제품 가구와 달리 내가 직접 조립한 가구는 그만큼 더 애정이 가고 가구의 가치가 높아지게 되는 현상을 말한다.

이기적편향 Self-serving Bias 성공의 원인은 자신에게 돌리고, 실패의 원인은 타인이나 외부로 돌리는 경향.

잘못된 일치 효과 False Consensus Effect 자신이 가진 신념, 의견, 선호, 가치, 습관들을 남들도 나와 동일하게 가지고 있을 것이라고 과도하게 평가하며 나와 같지 않으면 상대방이 비정상적이라고 생각하는 인지편향

영역의존성 Domain Dependency 모든 영역에서 뛰어난 능력을 발휘하는 사람은 없다.

자기선택적편향 Self-selection Bias 확률적으로 근거가 없음에도 불행한 일이 생기면 자신에게 그런 사건이 발생할 확률을 과도하게 높게 평가하는 경향.

공정한 세상 가설 Just-World Hypothesis 노력은 반드시 보상받는다며 고난 속에서도 묵묵히 일하면 언젠가는 공정하게 보상받을 것이라는 세계관.

가면증후군 Imposter Syndrome 높은 성취에도 자신의 성공이 능력이나 노력 때문이 아니라 운 때문이라고 평가절하 하는 심리현상. 이러한 증후군에 빠진 사람은 자신이 사실은 똑똑하거나 유능하거나 창의적이지 못하다고 믿으며 자신의 능력이 과대 포장돼 남들을 기만하고 있다고 생각하면서 주변사람들의 시선에 불안해한다.

살리에리증후군 Salieri Syndrome 천재 모차르트와 노력형 궁정음악가 안토니오 살리에리의 이야기에서 유래된 용어. 자신보다 뛰어난 주변 인물 때문에 늘 질투와 시기, 열등감에 시달리는 심리현상이다.

파노플리효과 Effect de Panoplie 프랑스 철학자 장 보드리야르Jean Baudrillard 가 주장한 개념으로 소비자가 특정 상품을 구매함으로써 같은 제품을 소비하는 집단이나 계급에 소속됐다고 믿거나 특정 계층에 속한다는 사실을 타인에게 과시하는 현상을 말한다.

희소성의 오류 Scarcity Error 인간의 욕망은 무한한 데 비해 이 욕망을 충족시킬 수 있는 재화나 용역은 유한해 항상 부족한 상태에 있다는 원리를 경제학에서는 '희소성의 원칙'Law of Scarcity이라고 하며, 이는 최소비용과 최대만족을 추구하는 경제문제를 발생시키고 이를 해결하기 위한 경제활동을 촉발시키는 원동력이 된다. '희소성의 오류'Scarcity Error는 상품이나 서비스의 자원이 고갈되거나 부족하다고 느껴지면, 오히려 소유하고자 하는 욕구나 만족도가 커지는 심리적 현상을 말한다.

과도한 가치 폄하 Hyperbolic Discounting 미래보다 현재의 가치를 과도하게 높게 평가하는 현상을 말한다. 그 결과 사람들은 현재의 편익을 보다 높게 평가하고 미래의 즐거움을 원래보다 축소해 바라본다는 것이다. 이러한 편향의 특징은 시간이 지날수록 그 할인율이 점차 작아진다는 것. 오늘과 내일의 하루 차이는 크게 느껴지지만 1년 후의 하루 차이는 그리 크게 느껴지지 않는 심리.

피크엔드 법칙 The Peak-End Rule 고통 또는 행복의 경험과 관련된 평가는 고통·쾌락의 총량이나 매순간의 경험의 평균이 아니라 가장 절정일 때와 마지막에 느끼는 감정의 평균으로 결정된다는 법칙. 즉, 경험의 실재와 경험의 기억 사이에 비합리적인 인지적 착각이 발생하는 현상을 말한다.

스톡데일패러독스 Stockdale Paradox 역경에 처하게 됐을 때 낙관성을 유지하더라도 그 현실을 외면하지 않고 '정면대응' 하면 희망을 이룰 수 있는 반면, 조만간 일이 잘 풀릴 거라고 근거 없이 낙관하면 희망은 곧 무너지고 절망에 빠지기 쉽다는 '희망의 역설'을 뜻한다.

쾌락의 쳇바퀴 Hedonic Treadmill 행복한 일이 생겨도 시간이 지나면 다시 익숙해져 또 다른 것을 욕망하게 되는 현상으로 예를 들면, 생활수준이 높아져도 행복한 감정은 오래가지 않기 때문에 행복을 유지하기 위해서는 쳇바퀴를 돌리듯 더 많은 것을 가져야 한다는 역설을 의미한다. 소득 수준이 높은 국가들이 오히려 삶의 만족도와 행복감이 낮은 이유를 알려준다.

초점의 오류 Focusing Illusion 사람들은 인생의 한 면에 집중할수록 그것이 우리 인생에 미치는 효과를 과대하게 평가하게 된다. 어느 한 측면에만 초점을 맞춤으로써 다른 많은 측면을 간과하게 되는 것이다. 이렇게 어느 한 면에 집중한 나머지 초점 이외의 다른 부분의 영향을 무시하는 현상을 '초점의 오류' 또는 '초점착각'Focusing Illusion라고 한다.

폴리안나효과 Pollyanna Effect 어떤 상황에서도 긍정성을 잃지 않는 태도. 어떠한 불행한 상황에서도 그것에서 행복의 이유를 찾을 수 있다는 역설.

소유효과 Endowment Effect 자기가 소유한 물건에 더 큰 가치를 부여한다.

선택의 역설 Paradox of Choice 사람들에게 너무 많은 선택권이 주어질 경우 판단력이 흔들려 올바른 결정을 내리기가 힘들어지고, 소수의 선택권을 가졌을 때보다 안 좋은 선택을 하거나 심지어 결정 자체를 포기하는 현상. 선택할 수 있는 경우의 수가 너무 많으면 소비자는 모든 선택에 책임을 져야 한다는 부담과 잘못된 선택에 대한 두려움이 증폭되며 포기한 선택지에 대한 미련도 커지므로 스스로의 선택에 대한 만족도가 떨어지게 되기 때문이다.

손실회피성향 Loss Aversion 우리는 얻는 것의 가치보다 잃어버린 것의 가치를 더 크게 평가한다. 1만 원을 잃었을 때의 고통의 크기는 1만 원을 얻었을 때의 기쁨보다 2배 이상 크다.

기저율의 무시 Neglect of Base Rate 어떤 인물 또는 사건에 대한 상세한 설명이나 묘사가 오히려 통계적 진실을 왜곡시키는 현상.

참고문헌

《생각에 관한 생각》 대니얼 카너먼 지음, 이진원 옮김, 김영사

《당신의 고정관념을 깨뜨릴 심리실험 45가지》 더글라스 무크 지음, 진성록 옮김, 부글북스

《내 마음을 읽는 28가지 심리실험》 로버트 에이벌슨 외 지음, 김은영 옮김, ㈜더난 콘텐츠그룹

《스마트한 선택들》 롤프 도벨리 지음, 두행숙 옮김, 걷는나무

《스마트한 생각들》 롤프 도벨리 지음, 두행숙 옮김, 걷는나무

《블랙 스완》 나심 니콜라스 탈레브 지음, 차익종·김현구 옮김, 동녘 사이언스

《판단과 선택》 유호상 지음, 클라우드 나인

《감정독재》 강준만, 인물과 사상사

《착각의 심리학》 데이비드 맥레이니 지음, 박인균 옮김, 추수밭

《세상에서 가장 재미있는 63가지 심리실험》 이케가야 유지 지음, 서수지 옮김, 사람과 나무사이

《스키너의 심리상자 열기》 로렌 슬레이터 지음, 조중열 옮김, 에코의 서재

《그들도 모르는 그들의 생각을 읽어라》 로저 둘리 지음, 황선영 옮김, 윌컴퍼니

《너 이런 심리법칙 알아?》 이동귀 지음, 21세기북스

《똑똑한 사람들의 멍청한 선택》 리처드 탈러 지음, 박세연 옮김, 리더스북

《누가 내 생각을 움직이는가?》 노리나 허츠 지음, 이은경 옮김, 비즈니스북스

《당신이 지갑을 열기 전에 알아야 할 것들》 엘리자베스 딘·마이클 노튼 지음, 방영호 옮김, 알키

《브랜드, 행동경제학을 만나다》 곽준식 지음, 도서출판 갈메나무

《행동경제학 강의》 홍훈, 서해문집

《만들어진 생각, 만들어진 행동》 애덤 알터 지음, 최호영 옮김, 알키

《무의식 마케팅》 정성희 지음, 시니어 커뮤니케이션

《부의 감각》 댄 애리얼리, 제프 크라이슬러 지음, 이경식 옮김, 청림출판

《내 마음속 1인치를 찾는 심리실험 150》 세르주 시코티 지음, 윤미연 옮김, 궁리

《상식 밖의 경제학》 댄 애리얼리 지음, 장석훈 옮김, 청림출판

《선택의 심리학》 배리 스워츠 지음, 형선호 옮김, 웅진지식하우스

《의사결정의 심리학》 하영원 지음, 21세기북스

《어쩌다 한국인》 허태균 지음, 중앙북스

《가끔은 제정신》 허태균 지음, 샘앤파커스

《판단하지 않는 힘》 대니얼 스탤더 지음, 정지인 옮김, 동녘

《사회심리학》 로버트 치알디니·더글러스 켄릭·스티븐 뉴버그 지음, 김아영 옮김, 웅진 지식하우스

《사람일까, 상황일까?》 리처드 니스벳·리 로스 지음, 김호 옮김, 심심

《설득의 심리학》 1·2·3권 로버트 치알디니·스티브 마틴·노아 골스타인 지음
　　　　　　　　　　 윤미나·이현우·김은령·김호 옮김, 21세기북스

《인지편향사전》 이남석 지음, 옥당

《심리학을 만나 행복해졌다》 장원청 지음, 김혜림 옮김, 미디어숲

《어떻게 팔지 답답할 때 읽는 마케팅책》 25 behavioral biases that influence what we buy
리처드 쇼튼 지음, 이진원 옮김, 비즈니스북스

《쇼핑의 과학》 파코 언더힐 지음, 신현승 옮김, 세종서적

《더 나은 직장생활을 위한 심리실험 100》 리오넬 다고 지음, 윤미연 옮김, 궁리